littéradanse

quand la chorégraphie
s'empare du texte littéraire

Fanny de Chaillé, Daniel Dobbels, Antoine Dufeu & Jonah Bokaer

Univers de la Danse
Collection dirigée par Anne-Marie Green

La danse est un domaine de la culture qui a considérablement marqué la fin du siècle dernier tout autant que le début de notre siècle. Il s'agit d'un secteur vivant et dynamique qui provoque interrogation et réflexion. La collection *Univers de la Danse* est créée pour donner la parole à tous ceux qui produisent des études tant d'analyse que de synthèse concernant le domaine de la danse. Elle a pour ambition de permettre, favoriser et provoquer l'échange de la pensée, maintenir en éveil la compréhension de l'ensemble des faits de danse contemporaine ou de danse marquée historiquement.

Déjà parus

MILADY LUBRANO, *Les danses de la culture hip-hop*, 2018.
Aude THURIES, *L'univers de la danse*, 2016.
Anne-Tina IZQUIERDO, *La musicalité du danseur jazz*, 2016.
Sarah NOUVEAU, *La Culture chorégraphique au cœur de l'enseignement de la danse*, 2015.
Sarah NOUVEAU, *Danser l'ailleurs*, 2014.
Alexandra ARNAUD-BESTIEU et Gilles ARNAUD, *La danse Flamenca. Techniques et esthétiques*, 2013.
Virginie VALENTIN, *L'art chorégraphique occidental, une fabrique du féminin*, 2012.
Paul NIBASENGE N'KODIA, *Pour bien entrer dans la danse*, 2011.
Sarah NOUVEAU, *Le corps wigmanien d'après* Adieu et Merci *(1942)*, 2011.
Kamini RANGARADJOU, *Bharata Natyam, la danse classique du sud de l'Inde*, 2010.
Cécile JOUVEL, *La danse Jazz et ses fondamentaux*, 2007.
Marie-Joëlle LOUISON-LASSABLIERE, *Feuillets pour Terpsichore*, 2007.

Mélanie Mesager

littéradanse

quand la chorégraphie s'empare du texte littéraire

Fanny de Chaillé, Daniel Dobbels, Antoine Dufeu & Jonah Bokaer

© L'Harmattan, 2018
5-7, rue de l'Ecole-Polytechnique, 75005 Paris
http://www.editions-harmattan.fr
ISBN : 978-2-343-14079-7
EAN : 9782343140797

à Julie Perrin et Larissa Roy

« *on compose par égard et non en regard* »
Daniel Dobbels

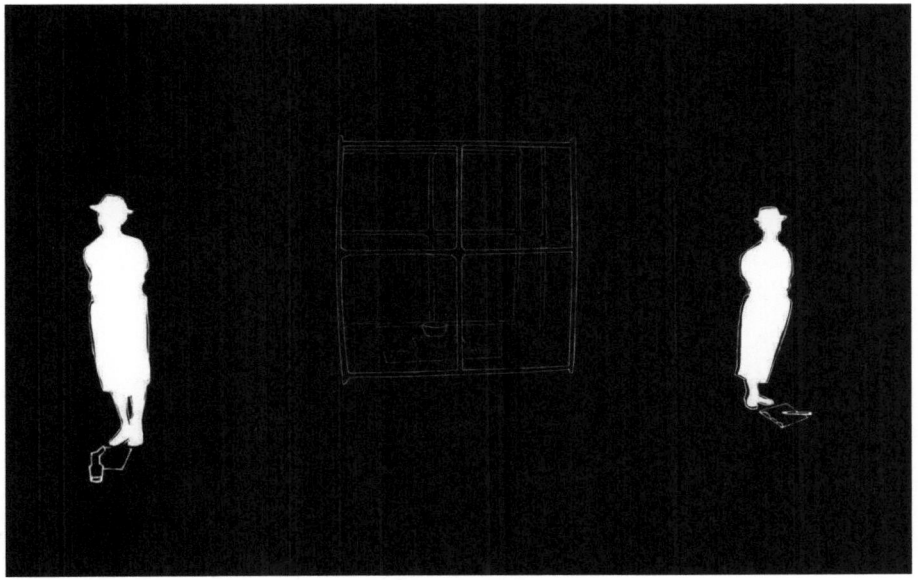

Le chorégraphe Jonah Bokaer et l'écrivain Antoine Dufeu regardant le public dans la chorégraphie *Museum of nothing* (2015)

Au début on est vraiment dans « les mots, les mots, la référence, comment je me construis grâce à cette référence », et petit à petit on bascule dans « cette référence me pèse il s'agit de m'en détacher », et pour en arriver, à la fin, à ce moment où on rentre dans la tête des gens (...) ce qu'on a, nous, appelé la 'pure sensation' et l'introspection.

Fanny de Chaillé, entretien
(21 avril 2016)

Écrire sur le croisement des mots et de la danse aujourd'hui, et défendre l'existence d'une esthétique de la « littéradanse », c'est accepter de passer après Michel Bernard qui affirmait, il y a 16 ans, à la suite du colloque « la danse et le texte, vers une dramaturgie du sensible ? » tenu au CND en mai 2000 :

> les exemples abondent qui montrent que quelles que soient la personnalité, l'histoire et la formation des artistes, la création contemporaine la plus riche et la plus authentique tend non à associer arbitrairement et d'une façon extrinsèque la danse comme système de composition chorégraphique autonome et le texte comme configuration scripturaire signifiante, originale et antécédente, mais à faire émerger la force de leur *double implosion simultanée*[1]

La « littéradanse » serait-elle surannée, nostalgique d'un autre temps où il était possible de croire au croisement possible de deux partitions artistiques autonomes, à une esthétique de la juxtaposition et de la mise en présence ? La « double implosion simultanée », reprise ici au sens où l'entendait Baudrillard d'une saturation et rétractation d'un système par opposition à son expansion, est celle qui a été étudiée par Alice Godfroy : une remise en question de la composition littéraire (poétique plus particulièrement) et chorégraphique qui se ferait aux

---

[1] BERNARD Michel, *De la création chorégraphique*, CND, « recherches », Pantin, 2001, p. 134.

mêmes endroits et permettrait, hors de toute thématisation explicite, de confronter les deux médiums artistiques[1].

La présente étude fait le pari suivant : parce que nous avons traversé cette double implosion, parce que nous l'avons intégrée, acceptée et pensée, la porte de nouveaux croisements s'est ouverte. La concurrence des mots et des mouvements dansés n'est plus pensée comme une adaptation mais comme une lecture réciproque, un infléchissement rythmique et sémantique dont on peut jouer à différents niveaux ; l'acte de mettre en présence ne peut plus être considéré comme celui d'une association arbitraire dans laquelle chacun garderait son indépendance, mais comme un acte de transformation de la matière parlée et de la matière dansée par leur simple zone de contact (une implosion, en somme). Le chorégraphe de littéradanse est alors celui qui invente ces contacts possibles, ces mises en présence, pour produire une œuvre.

Qu'est-ce au juste que la « littéradanse » ?

En 2015 Magali Nachtergael et Lucille Toth ont édité un recueil d'articles et de témoignages ayant pour point commun de croiser la danse et la littérature, qui devait s'intituler *Littéradanse : littérature et danse contemporaine* avant d'être rebaptisé *Danse contemporaine et littérature. Entre fictions et performances écrites*. Le mot valise « littéradanse » était donc promis, lors de sa naissance, à un champ d'acception très vaste, regroupant toutes formes de croisements, implicites ou explicites, entre deux médiums artistiques, le littéraire et le chorégraphique, qu'il s'agisse de la danse dans la littérature, la littérature à l'origine de la danse ou la littérature dans la danse. Il désignait avant tout un champ d'étude s'intéressant à ce croisement, inédit, le livre s'affirmant d'emblée comme le « premier ouvrage à se concentrer exclusivement sur les rapports entre danse contemporaine et

---

[1] GODFROY Alice, *Ecrire, danser : prendre corps et langue : étude pour une 'dansité' de l'écriture poétique*, thèse de doctorat sous la direction de Michèle Finck, Université de Strasbourg, 2013.

littérature ».[1] Si les perspectives d'approche de cette hybridation sont nombreuses dans cet ouvrage, afin d'assurer au concept une pertinence, dans le cadre de cette étude plus longue, je propose d'en réduire le sens. En me plaçant à l'endroit du spectateur « naïf », j'estime qu'il y a « littéradanse » quand, sur scène, je perçois à la fois un texte littéraire et une chorégraphie dansée, chacun dans une intégralité suffisante pour que l'on puisse, à l'instar du mot-valise, les reconnaître comme des objets autonomes bien qu'ils soient greffés l'un à l'autre dans le spectacle. En fermant les yeux, nous entendons une œuvre littéraire, et en coupant le son, nous voyons une chorégraphie silencieuse. Mais en gardant tous nos sens en éveil, nous assistons à cette implosion du texte par la danse et de la danse par le texte. L'analyse que l'on peut alors proposer n'est plus celle d'un jeu d'influences intertextuelles, mais une analyse d'œuvre, qui montrera comment se croisent dans le temps du spectacle les deux médiums artistiques, et ce que cette mise en présence leur fait l'un à l'autre. Une telle étude s'inscrit alors dans la lignée de celle qu'Isabelle Ginot a proposée au sujet de la pièce *Meublé sommairement* de Dominique Bagouet, investissant la notion narratologique de « diégèse » pour étudier le croisement de la danse et du texte. Elle y montre comment la danse se refuse à incarner ou à illustrer le texte de façon continue dans cette chorégraphie, comment la corporéité de la comédienne la place sur un plan différent de celui des danseurs, la façon dont le texte de Bove permet l'ouverture d'une temporalité itérative et la place que Bagouet lui octroie au sein du spectacle chorégraphique[2].

L'ouvrage de Magali Nachtergaël et Lucille Toth a déjà contribué à esquisser, à travers des articles stimulants, des pistes pour des analyses

---

[1] TOTH Lucille et NACHTERGAEL Magali (dir.), *Danse contemporaine et littérature, entre fictions et performances écrites*, Centre National de la Danse (éd.), « Recherches », 2015, p. 8.

[2] GINOT Isabelle, *Bagouet. Un labyrinthe dansé*, CND, Pantin, 1999.

d'œuvres de littéradanse, entendue dans ce sens restreint[1]. Je voudrais ici soutenir une telle démarche en l'approfondissant suffisamment pour avoir le loisir d'entrer dans le détail de quatre chorégraphies : *Un son étrange* et *La fille qui danse* de Daniel Dobbels, *Le Groupe* de Fanny de Chaillé, *Museum of nothing* d'Antoine Dufeu et Jonah Bokaer.

L'intérêt que je porte à la rencontre entre texte et chorégraphie réside en grande partie dans le mystérieux croisement qu'il y a à l'endroit du corps et de la parole. Le corps dansant semble signifiant, mais autrement que ne l'est le langage : d'une façon plus floue, plus subtile, qui a souvent été assimilée à un 'en deçà' du langage, quelque chose de plus primitif, de plus naturel, « pré-syntaxe oubliée par les structures normatives des récits et des phrases » qui « explos[e] à nouveau dans l'émergence même du corps »[2]. Les réflexions sur le sujet se perdent dans les abîmes d'une trop grande distance (on sent bien que ce n'est pas la même chose) ou celle d'une trop grande promiscuité (on n'arrive pas franchement à nommer la différence, on fait de l'acte de danser le pré-mouvement de la parole ou de l'écriture). Si, sur scène, en tombant je dis « je tombe », si pendant que je tombe une voix dit « elle tombe », ou même « ça tombe », je produis une interprétation pléonastique du geste par la parole, et vice versa. Pourtant, je sens bien que ce n'est pas *exactement* la même chose : il y a tant de façons de tomber, tant d'actualisations gestuelles de ce verbe (est-ce que je tombe sur les genoux, à plat ventre, brusquement, au ralenti ?), et je pourrais tomber en disant « je m'effondre », « je trébuche », et même « je meurs », tout en restant pléonastique... car, je le sens aussi, tout en ne se recoupant pas exactement au même endroit du sens, la parole n'apporte

---

[1] TOTH Lucille et NACHTERGAEL Magali (dir.), *Danse contemporaine et littérature, entre fictions et performances écrites*, *op. cit.*, en particulier les deux premiers chapitres : « Littérature dansées » et « écrivains en scène ».

[2] LOUPPE Laurence, « Écriture littéraire, écriture chorégraphique au XXème siècle : une double révolution. », *in littérature*, n°112, déc. 1998, p. 94.

dans ces exemples rien par rapport au geste, l'un pourrait se passer de l'autre parce qu'ils « veulent dire » la même chose, alors que, dans le même temps, j'ai envie d'affirmer que le mouvement du corps n'est pas un langage, que le geste ne « veut » rien dire.

Ce cercle de réflexions ne se laisse apprivoiser que si l'on accepte de décortiquer et de déconstruire ce qu'est la parole et ce qu'est le geste, ce qu'a fait méticuleusement Michel Bernard dans *L'Expressivité du corps*, en particulier la deuxième partie, « Expressivité corporelle et langage ».

> Tout notre corps est ordonné au procès pulsionnel de la dynamique vocale du sens proféré par le verbe tout comme inversement (…) notre verbe, si abstrait, si désérogénéisé qu'il puisse paraître, non seulement suppose celle-ci, mais énonce et dessine dans sa littéralité et son sens la recherche de jouissance de notre corps sur lequel, par ailleurs, il ne cesse de revenir directement ou indirectement. [1]

Si le langage s'articule corporellement et si la corporéité n'est possible à appréhender que par le langage, nous comprenons mieux le paradoxe où nous conduisent nos intuitions, dès lors que les deux notions, sont, en quelque sorte, l'origine l'une de l'autre. Nous comprenons que la danse est « un langage », puisqu'elle est une association de corporéités qui me renvoient au langage que je construis

---

[1] BERNARD Michel, *L'Expressivité du corps*, éd. J.-P. Delarge, Coll. *Corps et culture*, Paris, 1976. Je ne pense pas, comme cela s'est dit lors du colloque organisé en hommage à ce philosophe de la danse, que son point de vue soit logocentré : Michel Bernard établit un parallèle entre corps et langage en en déconstruisant la symétrie imaginaire qui voudrait que le corps ait un langage autonome. Il réhabilite ce qu'ils se doivent l'un à l'autre.

quotidiennement sur le corps, en même temps qu'elle ne l'est pas, non plus que les sons produits par la voix quand ils ne sont pas perçus comme des phonèmes, parce que le corps ne signifie rien en soi, tant que je ne le perçois pas. Cependant, dès que je le perçois, et parce qu'il y a ce point de contact entre percevoir et signifier que Michel Bernard imagine d'après le trope du chiasme, il ne peut que signifier, engager un mouvement vers le virtuel :

> mon sentir de la nature est travaillé tout autant que la parole et l'écriture par l'acte de se projeter dans le virtuel, ou, comme disent les linguistes, dans l'acte de « débrayer » (shift out). Le désir d'énoncer, c'est toujours un débrayage.[1]

Ce n'est pas sur ce chemin philosophique que je veux m'engager. Mais partir de ces acquis me permet de m'inscrire en faux vis-à-vis de cette impression d'un geste dansé original et pur par rapport à une parole intellectuelle et culturelle, considérant les deux médiums que sont le texte littéraire et la danse contemporaine dans un parfait rapport d'égalité face à la chronologie intime du spectateur : il n'y a pas de danse première et de mots seconds. Cela me permet également de considérer sans gêne que la danse peut porter, par sa simple réalisation, une trame référentielle, et que la parole peut être analysée en tant que geste. Il ne s'agit que du point de vue par lequel je décide de me saisir de la matière parlée et dansée. Et c'est au prix de cette démystification qu'il est possible de comprendre ce qui se joue dans le croisement entre danse et parole, dès lors qu'il n'y a pas de « traduction » de l'une par l'autre, tout simplement parce qu'il n'y a pas d'autre langage que verbal et d'autre réalisation verbale que corporelle. En même temps, il faut se résoudre à considérer que la symétrie n'est pas parfaite : la parole étant la réalisation sonore du système de signes grâce auquel nous

---

[1] BERNARD Michel, « Sens et fiction, ou les effets étranges de trois chiasmes sensoriels », in *Nouvelles de Danse,* n° 17, octobre 1993, p. 60.

percevons le monde, nous sommes habitués à être plus attentifs à son aspect signifiant qu'à sa réalisation corporelle, ce que dénoncent certaines études linguistiques et poétiques, comme par exemple celles de Meschonnic ou Zumthor qui se sont efforcées de mettre en évidence la part corporelle du signe, allant à l'encontre de sa fausse transparence [1]. A l'inverse, le mouvement corporel n'est signifiant que par des connotations et équivalences linguistiques, il ne fait pas système en soi, et on a donc tendance à considérer davantage son aspect corporel que sa signifiance. D'où l'impression qu'en littéradanse, la danse vient corporéiser le langage et le langage sémantiser la danse. J'espère pouvoir le montrer dans les analyses qui vont suivre, la réalité est beaucoup plus complexe. Retenons pour commencer qu'il s'agit moins d'un effet objectif que de l'attention portée par le spectateur à l'un et l'autre : devant un geste associé à un mot, on prêtera plus attention à son sens ; devant un mot accompagnant un geste, on sera plus sensible à la physicalité de sa prononciation.

Qu'étudier alors dans les chorégraphies de littéradanse ? Doit-on observer ce que la danse fait aux mots, ce que les mots font à la danse ? Doit-on étudier la gestuelle du texte ou la sémantisation des gestes ? Cette question, lorsqu'on choisit de se placer du côté du spectateur, croise encore une fois les réflexions de Michel Bernard. Dans « Esquisse d'une théorie de la perception du spectacle chorégraphique »[2], déplorant que trop souvent le perçu soit « réduit à l'objet jugé et connu », il proposait d'être attentif à la façon dont « le spectacle se constitue comme tel par le travail de nos sens »[3]. Le phénomène perceptif étant composé de niveaux complexes, il s'agirait alors d'en

---

[1] La transparence du signe est cette tendance à oublier qu'il y a un signe, une matière vocale, entre le monde et sa conceptualisation. Réhabiliter cette matière et la rendre sensible nous rappellent, entre autres choses, que le signe modèle la réalité en la désignant, souvent par exclusion.

[2] BERNARD Michel, « Esquisse d'une théorie de la perception du spectacle chorégraphique », in *De la création chorégraphique*, pp. 205-215.

[3] *Ibid.*, p. 206.

explorer plusieurs facettes dans leurs dimensions à la fois synchroniques et diachroniques. Isabelle Ginot, dans *La critique en danse contemporaine : théories et pratiques, pertinences et délires*[1], propose une application de cette réflexion théorique en appréhendant, selon plusieurs filtres perceptifs, des chorégraphies, afin d'isoler les fils entrelacés qui composent une vision souvent trop globale de l'œuvre, réduite à une signification très générale. Elle montre ainsi non seulement que le discours critique se construit en fonction du regard porté sur une chorégraphie par son auteur, mais également qu'il gagne à être déconstruit en exerçant son regard à voir la danse selon des modes diversifiés. Au cours de l'étude qui va suivre, je prends le parti de ne pas choisir, *a priori*, un angle d'approche, mais d'en proposer plusieurs, m'inscrivant dans ces choix méthodologiques qui, plutôt que de réduire l'objet d'étude à un « tout » qui peut s'appréhender par les bons outils, en conserve une certaine complexité.

Je propose alors un parcours qui commence par s'intéresser aux croisements des temps, lieux et personnes, puis qui écoute le rythme des chorégraphies ; enfin, il se laisse entraîner dans les chemins multiples des esquisses de significations qui s'entrelacent dans les quatre œuvres.

---

[1] GINOT Isabelle, *La critique en danse contemporaine : théories et pratiques, pertinences et délires*. Dossier d'habilitation à diriger les recherches, Sous la direction de Jean-Paul Olive, Université Paris 8 Saint-Denis, septembre 2006. Cette approche des œuvres s'inspire de l'article de Michel Bernard « Esquisse d'une théorie de la perception du spectacle chorégraphique » publié dans *De la création chorégraphique*, *op. cit.*, pp. 205-215.

Présentation des quatre chorégraphies

Museum of nothing est une chorégraphie qui met en scène un auteur et un chorégraphe, et thématise leur rencontre. Cette dynamique du croisement se déploie aussi dans le domaine de l'art, puisque la pièce s'inscrit dans une référence à une performance de Beuys. Au centre de la scène, une structure métallique définit deux espaces scéniques : dehors et dedans. Un premier mouvement montre un rituel d'échauffement proposé aux spectateurs. Un second, dans la cage, s'organise autour d'un saladier représentant une fontaine dont se souviennent les deux amis. Puis Jonah sort de la cage et effectue une série de postures figées qui rappellent celles d'un sport de combat. A la fin, on entend la voix d'Antoine diffusée en voix off tandis que celui-ci est debout dans la structure-cage, et Jonah danse tout autour. Le texte évoque alors un voyage en automobile d'Avignon à Paris.

Chorégraphe et interprète : Jonah Bokaer. Auteur et interprète : Antoine Dufeu. Créé pour l'édition 2015 de Concordan(s)e.

Le Groupe

Fanny de Chaillé choisit quatre interprètes pour danser et dire la *Lettre de Lord Chandos* de Hofmannsthal, qui, écrite à la première personne, relate l'expérience fictive d'un écrivain renonçant à l'écriture. La parole passe d'un interprète à l'autre tout au long du spectacle, et se partage l'espace sonore avec de la musique. Les mouvements vont d'une corporéité plutôt théâtrale à une gestuelle dansée. Différentes séquences, qui s'articulent autour d'un jeu spécifique, scindent la pièce. La scénographie se compose d'une lettre géante qui est ouverte au cours du spectacle et contient les mots de la lettre de Lord Chandos.

Chorégraphe : Fanny de Chaillé. Texte : Hugo von Hofmannsthal. Interprètes : Christine Bombal, Christophe Ives, Grégoire Monsaingeon, Guillaume Bailliart. Régie et musique : Manuel Coursin. Festival d'automne, 2014.

La fille qui danse et *Un son étrange* de Daniel Dobbels

Le diptyque met en scène à chaque fois un lecteur (hors de l'espace scénique) et un(e) interprète. La danse est dans les deux pièces forte et sobre, jouant de torsions du corps comme d'élans plus linéaires. Elle accorde une grande importance aux variations de flux, de temps, joue de répétitions et d'une relation au sol qui se situe dans la qualité du poids fort.

Dans *La fille qui danse,* le texte est un commentaire de l'action de lire un texte à la première personne. Il s'ouvre sur l'énoncé « c'est une situation singulière », puis le narrateur se décrit sur une scène en train de lire. Il commente successivement les images mentales et les désirs qui naissent de cette lecture : de la forme graphique des lettres, des sons, de la signification même du texte qui évoque une forme indéterminée, puis la danse dont il questionne le caractère intrinsèquement humain, et enfin sa position de lecteur (il imagine ce qu'il se passe « derrière son dos » quand il lit). Ces différentes strates de l'imagination du lecteur en action se répondent, se confondent, et ont pour point commun de faire émerger des formes, parfois floues, parfois humaines, dans lesquelles apparaît « une fille qui danse », fruit des désirs de ce que le lecteur a envie de voir. Donc le texte renvoie en partie à ce qu'on voit sur scène, autant dans l'évocation de formes indéfinies qui correspondent à la corporéité morcelée de la danse que dans l'émergence de cette forme humaine dansante qui est, on ne peut plus pragmatiquement, une évocation de l'activité de Carole Quettier.

Le texte d'Artaud qu'Alain Cuny lit dans *Un son étrange* est célèbre surtout dans les milieux de l'histoire de l'art : Artaud y montre le génie de Van Gogh que la société aurait poussé au suicide en le considérant comme fou. Il s'agit d'un texte virulent contre la psychiatrie (Artaud parle de sa propre expérience à travers celle du peintre), et en même temps d'une très belle poétique de l'œuvre de Van Gogh qui est commentée dans ce qu'elle a de puissant et de vivant.

Chorégraphies : Daniel Dobbels. Textes : Alain Fleischer et Antonin Artaud. Interprètes en danse : Carole Quettier et Adrien Dantou. Lectures : Daniel Dobbels et Alain Cuny. CND, 2013.

1   jeux de références

Considérant les chorégraphies *Museum of nothing*, *Le Groupe*, et le diptyque *Un son étrange* et *La fille qui danse*, je me trouve devant des œuvres très hétérogènes qui, lors de leur découverte, m'ont fait rire, ont provoqué mon admiration, suscité des réflexions ou une satisfaction poétique. Je connaissais le texte d'Artaud mais aucun des autres, que j'ai découverts en même temps que les chorégraphies. Pourtant malgré leur diversité, je sens qu'il y a quelque chose qui lie le plaisir que j'ai pris à regarder chacun de ces spectacles. Quelque chose qui se situe dans la façon dont se croisent les mouvements dansés et les mots, un mouvement qui serait de l'ordre du rapprochement et de l'éloignement. Mais à quel niveau cela se joue-t-il ? J'ai en même temps l'intuition que les études sur la façon dont signifie le geste par rapport aux mots ne rendent pas compte de ce que j'éprouve, si brillantes soient- elles. Elles se situent trop en aval du spectacle, à un niveau qui tend à croiser n'importe quels gestes et n'importe quels mots, car elles se demandent avant tout « comment cela signifie ». Or la poésie qui se dégage de ces représentations est singulière, et donc, sans doute, est-elle liée à la façon dont des significations s'entremêlent, quels qu'en soient les procès sémiotiques. Et cet entremêlement est l'œuvre d'un artiste, un sujet singulier qui en a fait le choix. Un sujet ? J'aperçois déjà la complexité de cette affirmation qui pose problème, quand, lors d'une représentation, je suis en face de plusieurs personnes : les danseurs, les lecteurs, et, derrière eux, les chorégraphes, les écrivains. Sans parler de moi qui regarde... et des éventuels « personnages » qui sont construits par la chorégraphie, ou (et?) portés par les textes.

Je propose alors de mettre en place quelques outils analytiques pour essayer de débrouiller cette sensation polyphonique, ou poly-gestuelle en tout cas poly-sémiotique. Naïvement, je commencerai par me positionner au niveau référentiel, en faisant l'hypothèse que les chorégraphies de littéradanse que j'étudie fonctionnent comme des signes, dont les signifiants seraient la matière gestuelle et verbale, les signifiés leur valeur conceptuelle, et les référents, la réalité ou la fiction auxquelles ils renvoient (ou qu'ils construisent). Ce point de vue, on le sent, est déjà réducteur. Cependant il me permettra de poser les bases d'un fonctionnement diégétique, qu'il sera ensuite possible de nuancer, ou même, au besoin, de remettre en question. Il correspond en tout cas à une première intuition du spectateur qui, commençant à réfléchir ou à parler de ce qu'il a vu, essaie de « comprendre », voire de démêler « ce que ça raconte », tout en n'étant pas dupe, et en sachant très bien que ça ne fait pas « que » raconter, que l'essentiel n'est peut-être pas là.

Il ne sera pas question d'essayer de trouver une trame narrative dans ces spectacles, il est évident d'emblée qu'une telle tentative est vouée à l'échec. Ce dont il s'agira, ce sera de se demander qui parle, qui danse, et à quels temps et lieux font référence la danse et le texte.

I. Sujet qui parle / sujet qui danse

Si l'esthétique de la littéradanse est celle de la juxtaposition, cela signifie-t-il que les sujets qui composent le spectacle sont différenciés ? Cette question touche aux instances énonciatives en jeu lors de la représentation, et en particulier à la question du sujet dansant et parlant.

J'emploie le terme de « sujet » dans le sens d'une première personne du discours, et de l'individu acteur de la gestuelle que l'on perçoit sur scène. Mais ce « moi » se situe déjà à deux endroits : on distingue un sujet de l'énonciation, celui qui assume la parole et la gestuelle dans la réalité de la représentation, et un sujet de l'énoncé, celui qui dit « je » au sein du discours lui-même. Cette distinction me semble pouvoir être appliquée à la gestuelle si nous considérons que le mouvement dansé est à la fois produit par le danseur et fait signe vers une corporéité symbolique, qui, sans être au sens strict nécessairement celle d'un « personnage », est le fruit d'une construction consciente de la part du danseur et du chorégraphe. Ces sujets parlants et dansants sont également ceux du chorégraphe et de l'auteur, qui ont composé la gestuelle et le texte, dans le sens où l'écriture est le fruit de leurs subjectivités, même si elle est portée, dans le temps de la représentation, par quelqu'un d'autre.

1. Auteurs / interprètes / personnages : les sujets de l'écriture, de la parole, de la danse.

Plusieurs niveaux sont donc à considérer lorsqu'on parle de « sujet » dans une situation de spectacle, à commencer par la question de l'auteur. Dans les quatre chorégraphies que j'étudie, l'auteur du texte se distingue de l'auteur de la chorégraphie. Or, sauf dans le cas du festival *Concordan(s)e* où les deux sont mis sur un pied de parfaite égalité, c'est toujours le chorégraphe qui est présenté comme l'artiste à l'origine du spectacle que nous voyons, le texte semblant s'inclure dans le procès de la chorégraphie. Isabelle Ginot, au sujet de la pièce *Meublé sommairement* de Dominique Bagouet, souligne qu'il est impossible de voir, comme on le ferait dans une mise en scène théâtrale, en Bove l'auteur de la pièce et en Bagouet le metteur en scène, préférant considérer Bagouet comme l'auteur d'une pièce dans laquelle le texte de Bove n'est qu'un élément : ce point peut être une première intuition de la différence entre les chorégraphies de littéradanse et la mise en scène dramatique d'un texte[1]. Un spectateur va voir *Hamlet* de Shakespeare mis en scène par Peter Brook, et reconnaît en Racine l'auteur du *Phèdre* auquel il assiste à la Comédie-Française.

Ainsi, c'est bien Fanny de Chaillé qui est l'auteur de la pièce *Le Groupe*, « d'après la *Lettre de Lord Chandos* de Hugo von Hofmannsthal »[2]: une telle présentation et l'utilisation de la locution prépositionnelle « d'après » nous rappellent la terminologie employée au théâtre lorsque le texte a subi des modifications, mais

---

[1] GINOT Isabelle, Bagouet. Un labyrinthe dansé, op. cit., p. 228.

[2] C'est ainsi que la pièce était présentée lors du festival d'Automne 2014 : http://www.festival- automne.com/edition-2014/fanny-chaille-groupe.

aussi celle qui revendique une inspiration artistique transcendant les domaines : par exemple, le *Prélude à l'après-midi d'un faune* de Claude Debussy est sous-titré *Églogue pour orchestre d'après Stéphane Mallarmé*. On peut donc penser cette pièce comme une adaptation corporelle très libre ou comme la transposition d'une œuvre littéraire en chorégraphie. Dans la mesure où le texte de Hugo von Hofmannsthal est une lettre fictive, donc une œuvre, qui, à la différence des textes dramatiques, n'est nullement destinée à la représentation scénique, il y a bien une transposition générique. Cependant, le texte, comme c'est également le cas des trois autres que j'étudie, est dit dans son intégralité au cours de la pièce. Il s'agit donc moins du passage d'un genre à l'autre que d'une co-présence, bien que, et nous y reviendrons, cet exemple soit celui des quatre qui se situe le plus à la périphérie entre juxtaposition et transposition.

La fille qui danse et *Un son étrange* sont présentées comme des chorégraphies de Daniel Dobbels, et les noms des auteurs des textes ne figurent pas au niveau du titre ni du sous-titre des pièces. Mieux, ce n'est qu'implicitement que le spectateur qui connaît Artaud comprend, grâce au résumé d'*Un son étrange,* qu'il entendra son célèbre essai sur Van Gogh, mais il n'est nulle part mentionné le nom de l'auteur :

> Qu'entend un corps quand il danse (ou croit danser) et ne s'appuie que sur les seules forces silencieuses qui sont les siennes quand autour ou tout près de lui la rumeur devient assourdissante ? Que peut-il entendre d'un texte inouï, « Van Gogh, le suicidé de la société », dit par Alain Cuny[1] (…) ?

---

[1] Les résumés cités ainsi que les remarques sur la façon dont sont présentés les spectacles de Dobbels s'appuient sur les informations que l'on trouve sur le site Internet de la compagnie l'Entre-Deux. http://www.delentredeux.fr/pieces_un-son-etrange_.htm ; http://www.delentredeux.fr/pieces_la-fille-_qui-danse_.htm

La présentation de *La fille qui danse* mentionne le nom de l'écrivain à la suite du résumé de la pièce. Le texte, alors que celui-ci a été écrit pour la danse, a un statut comparable, non pas à la chorégraphie, mais à la composition musicale dont on entend un petit extrait à la fin du spectacle :

> Texte : *La fille qui danse* d'Alain Fleischer
> Musique : Franz Liszt, Consolations, Liebesträume : 3 Notturni.

La façon dont est énoncée la place du texte par rapport aux chorégraphies diffère dans les quatre exemples étudiés, avec une dissymétrie plus ou moins grande entre le rôle de l'écrivain et celui du chorégraphe. Pourtant, lorsqu'on entre plus avant dans les pièces, c'est bien la confrontation de deux partitions que l'on perçoit : celle, dansée, créée par le chorégraphe, et celle, parlée, écrite, souvent antérieurement, par un auteur. Peut-on alors dire que le chorégraphe s'approprie le texte ? S'inspire du texte ? Compose une danse à l'écoute du texte, comme on compose une chorégraphie « sur » une partition musicale ? Voire porte le texte sur scène au sein d'une chorégraphie ? La réponse diffère sensiblement selon les cas. Dans un premier temps, nous partirons uniquement du constat selon lequel les deux médiums coexistent dans un même espace, la scène, et à un même moment, celui de la représentation, tout en gardant à l'esprit l'intérêt de ces dissymétries et cette variété dans la façon de revendiquer l'origine du spectacle.

Museum of nothing, créé dans le cadre du festival *Concordan(s)e*, est co-signé par Antoine Dufeu, écrivain, et Jonah Bokaer, chorégraphe[1]. Les auteurs respectifs du texte et de la partie dansée sont

---

[1] Ce parti pris n'est pas exclusif à des créations simultanées comme celle de *Concordan(s)e*, on le retrouve par exemple chez Dominique Dupuy, qui,

présents sur scène, et assument donc également le statut d'interprètes. Cette présence est attendue et fait entièrement partie du projet *Concordan(s)e*, qui a pour propos de faire se rencontrer un écrivain et un chorégraphe. Au début du spectacle, Antoine et Jonah jouent sur ces attentes en camouflant leurs identités : Antoine est présenté comme étant Jonah et Jonah comme étant Joseph Beuys, artiste allemand des années 1970. Cependant, leurs corporéités respectives ne laissent, dès le début, aucun doute quant à l'identité des deux personnages : nous reconnaissons vite Jonah, le chorégraphe américain, et Antoine, l'écrivain français, à leurs accents, à leur façon de se tenir et de se mouvoir. Au cours du spectacle, Antoine fait partie de la scénographie et assume certains mouvements, et Jonah prononce quelques parties du texte, mais, globalement, c'est Antoine qui dit son texte, semblant se désigner lui-même par la première personne, et Jonah qui danse. Il y a donc, dans cette pièce, une correspondance entre les auteurs-interprètes, sujets de l'énonciation et des mouvements, et les sujets de l'énoncé, les premières personnes du discours, qui rend poreuse la frontière entre la représentation et la réalité symbolique à laquelle elle renvoie. Si on considère à présent la place que peut occuper le sujet-Jonah dans le texte que prononce Antoine, on constate qu'il s'agit plutôt d'une deuxième personne : Antoine, évoquant sa rencontre avec Jonah, se désigne lui-même par « je » et désigne Jonah par « tu ». Ainsi, dans les parties de la pièce où les mouvements de Jonah semblent entrer en relation avec le texte, nous avons l'impression qu'Antoine décrit, à la deuxième personne, ce que fait Jonah sur scène.

---

chorégraphiant *Actes sans paroles*, co-signe Dominique Dupuy / Samuel Becket. Il est vrai que ce cas est particulier car la « partition » de Beckett est gestuelle. Certaines créations simultanées prennent ce parti de co-signature, par exemple *La Place du singe*, « de et avec Mathilde Monnier et Christine Angot », ou encore *BG/BG*, « Brigitte Giraud & Bernadette Gaillard, création littéraire et chorégraphique ».

Ce parti pris, où l'écrivain joue son rôle d'écrivain et le chorégraphe celui de danseur- chorégraphe, se rencontre dans d'autres exemples de chorégraphies de littéradanse : dans *BG/BG* de Bernadette Gaillard et Brigitte Giraud[1], ou encore dans un exemple plus ancien, *La Place du singe* de Christine Angot et Mathilde Monnier[2]. Dans ce dernier exemple, Christine Angot livre des éléments autobiographiques au spectateur, et, parfois, s'adresse à Mathilde Monnier à la deuxième personne (« Mathilde toi tu ... »), ou la présente à la troisième personne (« Mathilde elle a eu une enfance ... »). Le corps dansant se trouve alors fortement personnalisé par le discours, il représente un sujet distinct de celui qui parle, et est présent sur scène en tant qu'individu-danseur, avec un nom et une histoire. A l'inverse, Christine Angot fait partie de la chorégraphie dans le sens où, si elle ne participe pas à la danse, elle est un corps parlant présent sur scène[3]. Nous pouvons dire la même chose de *Museum of nothing* qui, tout en distinguant Antoine et Jonah comme deux sujets au sein du discours, propose parfois une rencontre de leurs gestuelles, sous la forme de mouvements similaires et symétriques, comme un miroir. Les deux corps à ce moment-là participent d'un même mouvement. A

---

[1] Création 2012.

[2] Création 2005.

[3] N'ayant pas vu cette chorégraphie sur scène, je me suis d'abord fiée à la captation qui a tendance à suivre le corps de Mathilde Monnier et à laisser entendre la voix de Christine Angot en voix off. J'avais alors considéré qu'à la différence de *Museum*, il y avait une dissymétrie entre la présence d'Angot dans la chorégraphie et la présence de Monnier dans le texte. En réalité, et je remercie Julie Perrin pour son témoignage de spectatrice, la présence d'Angot est très forte dans cette chorégraphie et occupe une place non négligeable, même si elle est assise à une table. Ceci m'amène à considérer que, de façon générale, un corps sur scène, même immobile, fait partie intégrante du spectacle. Dans la proposition *L'Incognito* de Fabrice Lambert et Gaëlle Obiegly lors du festival *Concordan(s)e* 2015, Gaëlle Obiegly est assise dans un fauteuil et ne bouge ni ne parle durant tout le spectacle (sa voix est diffusée en voix off). Cependant, on ne peut que considérer, lorsqu'on assiste à la représentation, que cette présence vivante fait partie de la chorégraphie, au même titre que Fabrice Lambert qui danse sans visage, enveloppé d'une combinaison noire qui réduit sa présence aux seuls mouvements.

d'autres endroits, ils sont très nettement distingués l'un de l'autre, notamment à la fin de la pièce, lorsque Jonah danse autour de la cage et qu'Antoine reste statique au centre de la scène.

Dans le diptyque de Dobbels, les textes ne sont pas dits par leurs auteurs mais par des interprètes, ce qui s'accompagne d'une théâtralisation de la diction plus fortement marquée, que l'on perçoit dans l'intonation des voix, les pauses appuyées, les silences, la texture de la parole. Même si le texte de *La fille qui danse* est lu par Dobbels lui-même, il n'est pas sur scène dans son rôle de chorégraphe, mais dans une fonction de sujet parlant qui prête sa voix au texte. Les lecteurs ne font pas partie de l'espace scénique, ils se situent en retrait, dans une autre dimension qui les cantonne à leur présence sonore. Il y a donc dans ce diptyque une très grande distance entre les sujets de l'énoncé (les narrateurs, mais qui dans les deux cas représentent les auteurs Artaud et Fleischer), et les sujets de la représentation, d'un côté ceux qui dansent, de l'autre ceux qui parlent. La corporéité des danseurs ne semble jamais se confondre avec celle des instances parlantes, ou, en d'autres termes, à aucun moment les danseurs n'incarnent les personnages des textes. La relation des corps dansants avec les instances énonciatives du texte est à la fois variable et complexe, et nous reviendrons sur ce sujet à plusieurs reprises. Cependant, de manière globale, on peut considérer que le texte, lorsqu'il réfléchit le corps dansant, le fait à la troisième personne : la fille qui danse est l'objet du discours dans la pièce éponyme, et peut également évoquer la danseuse sur scène. Cependant, il ne s'agit que d'une impression générale : il serait impossible d'établir une correspondance explicite entre chaque geste de Carole Quettier et les propos prononcés par Dobbels. C'est alors une question qui s'ouvre plutôt qu'un postulat de départ, qu'*Un son étrange* engage d'autant plus qu'il n'y a aucune correspondance explicite entre la situation énonciative du texte et la danse que l'on voit sur scène : quelles places occupent le texte et la danse l'un par rapport à l'autre ? Cette question, que je laisse ouverte pour le moment, est peut-être une première façon de formuler ce qui, intuitivement, peut sembler abstrait ou « difficile à comprendre » dans ces deux chorégraphies, au premier abord : le point de rencontre entre le texte et la danse ne se laisse pas saisir par l'analyse d'une situation d'énonciation qui attribuerait aux corporéités parlantes et dansantes une place fixe dans le discours, de première, deuxième ou troisième personne, de sorte qu'on ne sait pas « qui est » ou « ce que représente » le danseur que l'on voit sur scène.

Le Groupe de Fanny de Chaillé prend un parti très différent, car les interprètes assument à la fois la parole et la gestuelle, qu'ils ne se répartissent pas de la même façon selon les moments du spectacle : tous peuvent parler sans danser, bouger sans parler, parler en dansant. Il n'y a pas de frontière nette entre la corporéité parlante et dansante, ce qui, sans doute, est l'élément qui rend ambiguë l'appartenance générique de la pièce, la rapprochant de l'art dramatique. Cette situation est encore complexifiée par la démultiplication des rôles : chaque interprète semble à la fois incarner le « je » narrateur de la lettre, donc le sujet-personnage de Lord Chandos, mais également, et peut-être avant tout, son propre rôle d'interprète. Or, cet effet de mise en abyme, s'il passe par l'ajout de texte, est également très souvent le fruit d'une distance entre la gestuelle et l'énoncé, faisant de cette chorégraphie une véritable interrogation sur la notion même de sujet, que je propose d'approfondir ici.

2.   *Le Groupe* de Fanny de Chaillé ou les méandres d'un sujet

La représentation s'ouvre sur l'avancée sur scène, à jardin, d'un groupe de quatre personnes, bientôt suivies d'une cinquième en retard qui se fraie une place dans le groupe en bousculant les autres. Puis un des membres de ce chœur énonce l'exergue de la lettre écrite par Hofmannsthal :

> Voici la lettre que Philipp Lord Chandos, dernier fils du comte Bath, écrivit à Francis Bacon, plus tard Lord Verulam et vicomte de Saint-Alban, afin de s'excuser d'avoir renoncé à toute activité littéraire.

Les cinq personnes du groupe se présentent ensuite réciproquement en énonçant un renoncement, qui, à l'instar de celui de Lord Chandos, fait l'objet de la pièce : Guillaume Bailliart renonce à « incarner un personnage et occuper le centre de la scène », Grégoire Monsaingeon renonce à « parler avec sa propre voix », Christine Bombal renonce à « résoudre les mystères de la foi », Manuel Coursin (qui montera juste après en régie, et qui a conçu le son de la pièce) renonce à « toute composition originale », Christophe Ives renonce à « être dans les temps ». Enfin, le groupe renonce à « construire une narration cohérente et efficace dans le temps et l'espace de la représentation ». Symboliquement, les quatre interprètes, qui étaient entrés sur scène avec une perruque, l'enlèvent, comme s'ils redevenaient « eux-mêmes » au début de la représentation (au lieu de revêtir, comme c'est d'habitude le cas, un costume qui débarrasse le sujet de son identité afin qu'il puisse endosser celle d'un personnage).

Les interprètes présents sur scène ont donc tous une individualité propre, sont pourvus d'un nom, assument un « je » distinct de celui de l'énoncé de Hugo von Hofmannsthal. Distinct, mais pas tant que cela : la formulation du renoncement est l'adaptation personnalisée de l'énoncé de Hugo von Hofmannsthal : le « je » qui parle s'approprie un énoncé dont il n'assume pas totalement la composition. Il actualise le sujet de l'énoncé pour l'adapter à l'énonciation, tout comme, au cours de la pièce, lorsque Christine dira des parties de la lettre, elle fera les accords au féminin. Or, cette énonciation à laquelle se plie le texte, quitte à subir quelques modifications, n'est pas autre chose que la corporéité des sujets présents sur scène, et donc se situe à l'endroit où se joue l'aspect chorégraphique de la pièce.

De plus, au cours de la représentation, le « je » oscille entre le je-personnage qui désigne lord Chandos et celui des interprètes qui, à plusieurs reprises, prennent explicitement la parole en leur nom propre, s'interpellent les uns et les autres à la deuxième personne, par exemple pour se rappeler mutuellement leurs renoncements respectifs ou pour se donner des directives. Dans ces moments où les interprètes prennent leurs distances par rapport au texte, le je-personnage devient une troisième personne, comme c'est le cas lorsque Guillaume Bailliart et Grégoire Monsaingeon dialoguent avec Manuel Coursin sur un point d'interprétation et paraphrasent le texte :

> il refuse d'être enveloppé dans un
> manteau, fût-il mystique
> il dit que le problème de Dieu n'est pas
> son problème

Dans ces phrases, le « il » désigne le personnage, Lord Chandos. Néanmoins, cette distance, loin de se cantonner aux passages dans lesquels le « je » désigne explicitement les interprètes, parcourt l'intégralité du spectacle, maintenant de façon visible les deux facettes du sujet parlant : le texte qu'il prononce qui appartient à l'auteur et au personnage, et sa corporéité d'interprète mis en scène par une chorégraphe contemporaine.

Le propos de Fanny de Chaillé apparaît donc d'emblée comme déplacé par rapport à ce que serait une mise en scène dramatique de la lettre. Il s'agit plutôt d'une mise en scène du spectacle lui-même, dans une relation auto-réflexive, comme s'il posait perpétuellement la question de ce que cela signifie, de mettre en corps cette lettre. Le sujet de l'énoncé et celui de l'énonciation sont tenus à distance, refusant toute forme de ce qu'on pourrait appeler l'illusion théâtrale (d'ailleurs, souvenons-nous qu'un des interprètes a renoncé à incarner un personnage). Les enjeux du sujet de l'énoncé et des sujets de l'énonciation ne sont pas les mêmes : pour le narrateur, il s'agit d'expliquer les raisons pour lesquelles il renonce à l'écriture. Pour les interprètes, il s'agit de dire et de « danser » ce texte : un enjeu qui est parfois manifeste au sens le plus pragmatique du terme, lorsque Christophe cherche ses mots, qui lui sont soufflés par les autres, ou quand le groupe s'occupe de composer la gestuelle qui doit accompagner une partie du texte de Christine en lui montrant des mouvements pendant qu'elle parle, qu'elle reproduit en reprenant ses phrases. Ces deux enjeux sont superposés. Le premier est porté par le texte, le second par les corps.

Le parti pris de choisir quatre interprètes pour dire un texte à la première personne du singulier renforce cette mise à distance du sujet de l'énoncé par rapport aux sujets de l'énonciation. Bien plus, il engage une véritable réflexion sur ce qu'est, finalement, le « sujet » d'un texte : dans quelle mesure peut-il s'actualiser en quatre personnes différentes, et évoquer par les mêmes mots des expériences individuelles singulières ? Et, justement, n'est-ce pas précisément sur cette notion même de sujet que s'interroge Lord Chandos, et, par-delà lui, Hugo von Hofmannsthal, en évoquant dans sa lettre cette crise de la perception qui l'empêche de poursuivre son activité d'écriture tant il se sent diffracté, coupé des éléments du monde dans lesquels, plus jeune, il voulait « disparaître », et dont il voulait « parler [la] langue » ?
Au milieu de la pièce, Manuel Coursin interrompt depuis la régie la représentation pour proposer une interprétation du texte selon laquelle Lord Chandos évoquerait une crise mystique, interprétation qui est immédiatement critiquée par les interprètes présents sur le plateau. Guillaume Bailliart explique alors qu'il s'agit d'une crise de la perception qui a trait à l'unité du sujet, et se lance dans une définition lacanienne du sujet, qui, à la manière du nœud borroméen, possède deux faces, réelle et imaginaire, liées par le symbolique du langage. Or, pendant ce temps, Christophe Ives effectue en arrière-plan une danse désarticulée : de brusques changements de direction, une variation de l'espace, oscillant entre des mouvements directs vers le sol et indirects au niveau du regard et du haut du corps, qui évoquent une perte de repères, le décentrement constant du poids du corps, les prises d'appuis brutales et en constant déséquilibre, donnent l'impression que ce corps est mû par une force extérieure plutôt qu'il ne se meut lui-même. Son parcours dans l'espace ne semble pas soumis à une décision directionnelle ou à

un but mais uniquement à une mystérieuse nécessité intérieure de se mouvoir. Guillaume au cours de son exposé désigne le danseur pour illustrer la partie réelle du sujet. Puis, parlant de la partie imaginaire, il le désigne de nouveau comme exemple, créant un effet humoristique (donner le même exemple pour illustrer une distinction relève de l'absurde). Cependant, par-delà (ou à travers) le trait d'humour, ce qui se délite, dans cette corporéité étrange et comme mue par une force qui le dépasse, c'est notre perception du corps comme sujet intègre : non seulement le corps que nous voyons semble possédé, au sens propre, par des mouvements qui ne sont pas les siens, mais encore ce qu'on nous dit, c'est que le sujet que nous croyons voir dans ce corps est au moins double : réel et imaginaire. De plus, dans ce passage, Christophe devient une troisième personne dans le discours de Guillaume, qui le désigne et le montre. Or, dans la séquence qui précède immédiatement l'interruption, Christophe était derrière Grégoire Monsaingeon, qui assumait la partie parlée, dans une relation de très grande promiscuité, et épousait ses gestes, comme s'ils ne formaient qu'un seul corps. Lors de l'interruption, il se détache de son corps et commence à danser. Nous assistons à une parfaite illustration de la division du sujet, qui peut s'interpréter de plusieurs façons : le sujet parlant (« je ») se détache dans le discours de l'Autre, évoqué à la troisième personne mais qui le constitue. Ou encore, plus proche de nos préoccupations, le sujet dansant se détache du sujet parlant, et une relation réflexive se met en place entre les deux : la parole dit quelque chose du geste tandis que le geste montre quelque chose dans la parole[1].

Cette séquence nous montre donc comment la gestuelle dansée peut entrer en contact avec le propos du texte, proposant une lecture corporelle du contenu conceptuel : le décollement des deux faces du sujet, puis, de façon humoristique mais profonde, leur unité dans la perception que nous avons du corps. Lorsque Christophe Ives est censé

---

[1] Nous retrouverons, à d'autres endroits, cette relation « méta », proche du commentaire ou du miroir, dans les chorégraphies *Museum of nothing* et *La fille qui danse*.

illustrer la part réelle du sujet, nous voyons de sa danse son ancrage très fort dans l'espace : le martèlement du sol, la corporéité rendue sensible par un poids fort qui montre l'effort musculaire des mouvements (ce que fait le danseur). Lorsqu'on le désigne pour évoquer la part imaginaire du sujet, nous voyons autre chose, une difficulté à se mouvoir, une impuissance à commander son propre corps, une perte de repères (ce qui arrive au personnage). La part symbolique, désignée par Guillaume comme « plus compliquée », serait le lien que l'on peut faire entre les deux.

Plutôt qu'une répartition entre danse ou gestuelle d'un côté, et parole de l'autre, il serait sans doute plus juste, dans cette pièce, de considérer, d'une part, une corporéité présente à la situation d'énonciation, celle des interprètes, et, de l'autre, un sujet symbolique, celui du texte, le « je » du personnage.

Les quatre interprètes seraient donc, à l'instar de Christophe Ives, comme différentes émanations du sujet qui peuvent coexister, assumer à tour de rôle la prise de parole, et dont la globalité ne résiderait en aucun particulièrement, mais dans leur collectivité : certains passages nous montrent un même geste d'énonciation démultiplié et effectué par les quatre interprètes en même temps : après avoir l'un après l'autre prononcé la phrase « à peine je sais déjà si je suis encore le même à qui s'adresse votre précieuse lettre », se passant les uns devant les autres pour former une ligne à cour, les interprètes désignent tous du même geste la lettre géante qui constitue le décor de la pièce. La corporéité que nous voyons alors sur scène, et qui se définit comme sujet car elle s'accompagne d'un texte à la première personne, ce n'est ni le geste de Christophe, ni celui de Grégoire, ni celui de Christine, ni celui de Guillaume, ni même la répétition spatiale du même geste, mais l'ensemble des gestes. Le véritable sujet de la pièce de Fanny de Chaillé, comme l'indique son titre, est bien le groupe, dans les deux sens du terme : c'est le groupe qui parle (et danse) dans la pièce, et c'est du groupe que parle la pièce. Mais un groupe qui, nous l'avons vu, est composé d'individus fortement différenciés, dotés d'un nom propre, d'une filiation, et d'une corporéité (et corporalité) spécifiques : Fanny de

Chaillé choisit des individus qui ont des physiques très différents et également des pratiques gestuelles diverses, certains étant formés au théâtre et d'autres à la danse. L'exécution d'un même geste par plusieurs interprètes est une pratique extrêmement répandue en danse, beaucoup plus que dans l'art dramatique. Elle demande une maîtrise d'exécution certaine et une attention portée à la réalisation formelle du geste plus qu'à son intention. Une parfaite synchronie spatiale et temporelle du mouvement peut même être ressentie comme une prouesse technique, ou provoquer un sentiment d'harmonie, de perfection. A la différence des spectacles qui tendent vers cette synchronisation, celui de Fanny de Chaillé laisse la part à des petites discordances dans la réalisation des ensembles, de légers décalages spatiaux et temporels qui font ressentir le groupe non comme un ensemble parfait mais comme une réunion d'individus. De même, les membres du groupe ne se définissent pas uniquement par le fait de se partager le même sujet, le même texte, et les mêmes mouvements. Des interactions et des relations se tissent au sein du quatuor, qui peuvent aller de la bienveillance au conflit, en passant par la méfiance et l'entraide. Ainsi, un passage où les trois autres soufflent le texte de Christophe tourne à l'entrave car ils finissent par gêner sa progression sur scène.

Il y a donc comme une dispersion du sujet, qui, à la fois, est au service d'une intelligibilité sensible du texte de Hugo von Hofmannsthal, et nous parle de la politique du groupe telle que la situation de spectacle la génère : comment, durant les cinquante minutes de la représentation, quatre individus peuvent devenir l'expression d'un même sujet.

Cet éclatement du moi, qui correspond à la crise que décrit Lord Chandos, s'accompagne d'un trouble du langage, cause du renoncement à écrire. Il ne parvient plus à trouver de cohérence dans le monde, et donc ne parvient plus à « dire » le monde :

> Mon cas, en bref, est celui-ci : j'ai complètement perdu la faculté de méditer ou de parler sur n'importe quoi avec cohérence.

> D'abord il me devint peu à peu impossible de disputer d'une manière élevée ou assez générale, de fournir à ma bouche ces mots dont pourtant, d'habitude, tous les hommes font un usage spontané, sans hésiter.

Ce trouble trouve un écho dans le traitement morcelé du texte au cours de la représentation : d'une façon générale, celui-ci est séparé en parties qui ne correspondent pas à sa signification mais à différentes situations scéniques qui s'engendrent les unes les autres et engagent des parties du texte. Il passe de la bouche d'un interprète à l'autre, parfois très rapidement, comme dans la séquence où les quatre danseurs sont alignés, celui de devant prenant la parole et les autres le poussant, puis prenant à tour de rôle sa place. Souvent, il devient inintelligible parce que la personne qui parle est interrompue par les autres, au début pour proposer des formulations différentes (qui nous rappellent qu'il s'agit d'une traduction), plus loin, alors que Christine parle, pour proposer des gestes accompagnant la parole. A tel point que le texte, pourtant énoncé d'un bout à l'autre, laisse l'impression d'être déconstruit, morcelé, durant la représentation.

Il semble donc, au terme de ce parcours, difficile de dire que Fanny de Chaillé met en scène la *Lettre de Lord Chandos*. Nous dirions plutôt qu'elle engage, corporellement, une réflexion sur le sujet qui touche autant à la situation des interprètes sur scène qu'à la crise de Lord Chandos. L'équivalence qui se dessine entre le groupe et le sujet de l'énoncé fait référence aussi bien à la multiplicité du moi qu'à la situation du spectacle où les interprètes font corps ensemble pour porter une œuvre[1].

---

[1] Fanny de Chaillé décrit dans l'entretien en fin de volume l'intéressant mouvement qui s'est joué, lors de la création, entre le texte de Hofmannsthal et la chorégraphie : la volonté de travailler sur la dynamique du groupe était première, et la mémoire

Nous voyons aussi à travers cette lecture de la pièce la capacité des propositions gestuelles d'infléchir en partie le sens du texte, mais surtout le propos du spectacle et sa tonalité, rendant humoristique une chorégraphie sur un texte romantique éminemment pathétique. Il y a là un décalage que l'on retrouve à beaucoup d'endroits, dont le traitement du temps historique : la langue du XIXème siècle contraste avec les costumes des danseurs et les musiques des années 70 qui jalonnent le spectacle. L'apogée étant une énumération « un chien, un rat, un insecte, un pommier rabougri, un chemin de terre tortueux escaladant la colline, un caillou couvert de mousse » fredonnée sur l'air de *Aguas de Marco* de Antonio Carlos Jobim.[1]

Enfin, nous remarquerons que cette analyse du sujet m'a conduite à une répartition un peu différente de celle qui sépare la danse et la parole : la bipartition serait plus à l'endroit d'un sujet symbolique et d'un sujet réel, tous les deux présents, en même temps, dans la personne de l'interprète lorsque celui-ci assume le texte à la première personne.

Or, lorsque, comme c'est le cas dans les trois autres chorégraphies, le corps dansant n'assume pas dans le texte la fonction de sujet, qu'en est-il de cette tension entre l'énoncé (ce qui se dit dans le texte) et l'énonciation (ce qui est dit lors du spectacle) ? Une telle question nous invite à considérer ce même problème sous un autre angle, celui non plus du sujet mais du présent scénique et de sa relation symbolique avec le présent de l'énoncé.

---

du texte qu'elle connaissait bien est venue ensuite. De même, les répétitions ont commencé sans le texte.

[1] Les paroles originales de ce « tube » brésilien de 1972 se composent d'une énumération d'images qui décrivent les « eaux de Mars », introduites par l'anaphore « E » qui signifie « c'est ». *Mutatis mutandis*, le propos est donc particulièrement bien approprié, sémantiquement, à l'énumération champêtre d'objets bucoliques de Lord Chandos. Le décalage provoqué par cette diction mélodique est encore une fois dans le ton (la légèreté de la chanson par opposition à la crise existentielle décrite) et l'anachronisme.

II.   Hic et nunc

La danse est un art qui a la réputation d'être un art « au présent », c'est-à-dire entretenant une forte relation avec le présent de la représentation, dans le sens où l'œuvre chorégraphique n'aurait de réalité que dans l'instant de son exécution, car, la plupart du temps, elle n'est pas notée et n'est transmise qu'à l'oral. Frédéric Pouillaude va jusqu'à parler de « désœuvrement » au sujet de cet art qui, reproductible tout en ne conservant pas de trace de son essence, ne semble appartenir à aucune des deux catégories de Goodman[1]. De plus, l'œuvre chorégraphique pourrait, du moins sous ses formes les plus contemporaines, avoir tendance à trouver son propos dans la seule immanence du mouvement dansé, sans chercher à référer à une réalité transcendante[2]. Or, la tendance du texte littéraire est inverse : rares sont les textes qui ne trouvent leur propos que dans le simple tracé de l'écriture[3]. Écrire un texte, c'est créer par le langage un autre présent, absent ou fictif, qui comporte ses propres repères déictiques[4]. Confronter un mouvement dansé à un texte ouvre la possibilité de le projeter dans ce présent transcendant, présent de l'énoncé par

---

[1] Goodman distingue les œuvres allographes et autographes selon qu'elles sont reproductibles ou uniques. Or les œuvres chorégraphiques se reproduisent plusieurs fois, mais sont en même temps uniques à chaque représentation. Voir POUILLAUDE Frédéric, *Le Désœuvrement chorégraphique*, Vrin, Paris, 2009, p. 243 et *sqq.*

[2] POUILLAUDE Frédéric, *Le Désœuvrement chorégraphique*, *op. cit.*, pp. 169-171.

[3] Sauf, peut-être, si l'on en croit Alice Godfroy, une certaine poésie du XXème siècle qui trouve dans son *poïen* sa raison d'être. GODFROY Alice, *Danse et poésie, le pli du mouvement dans l'écriture*, *op. cit.*

[4] La *deixis* (du grec δεῖξις « action de montrer ») désigne en linguistique tout recours à la situation d'énonciation.

opposition au présent de l'énonciation. Mais ceci n'est pas seulement vrai pour les spectacles dans lesquels le texte est audible sur scène. Il peut s'agir d'un sous-texte, comme c'est le cas des arguments des ballets classiques, qui suffisent à projeter tout ce que nous voyons dans le passé fictif d'un conte d'Hoffmann, comme *Casse-Noisette,* ou une légende allemande comme *Le Lac des cygnes.* Il peut, plus implicitement encore, s'agir d'une référence littéraire indéfinie comme c'est le cas du célèbre *May B* de Maguy Marin, qui se fonde sur les connaissances littéraires du spectateur pour poser un univers qui s'inscrit dans la réalité fictive des pièces de Samuel Beckett. Mais alors, en amenant ce raisonnement à son terme, on constate que le mouvement peut s'extraire du présent immanent de la représentation, soutenu par des costumes et un décor, sans avoir besoin du recours à un texte. Il peut d'ailleurs tout aussi bien renvoyer à un passé pictural : la pièce de Blanca Li, *Le jardin des délices*, met en mouvement des personnages de Jérôme Bosch. Ainsi, Lucille Toth écrit au sujet de *May B.* : « plus qu'une dichotomie présence/absence, il faut ici envisager le textuel chorégraphié comme une réécriture totale, réécriture corporelle qui nie, ignore ou peut-être transcende le texte en le perturbant par une relecture fantomatique ». La chorégraphie porte bien un univers référentiel autonome qui, éventuellement, peut faire signe vers celui d'un texte ou d'une autre œuvre. En littérature, tout texte n'est-il pas également intertexte[1]? Il me semble donc que le mouvement ne soit pas plus intrinsèquement immanent que la parole, et qu'il puisse construire son propre univers référentiel en renvoyant le spectateur à une réalité différente de celle de la représentation, et c'est bien ce que constate Frédéric Pouillaude lorsqu'il distingue deux catégories de chorégraphies en fonction de la façon dont elles modèlent le temps des spectateurs, s'appuyant sur *Temps et récit* de Paul Ricoeur : celles de « Forme-Musique » qui sont dans un présent immanent, comme la danse dite

---

[1] TOTH Lucille, « Mises en corps, mises en voix », *in Danse contemporaine et littérature, op. cit.*, p. 21. Au sujet de l'intertextualité littéraire que je ne développerai pas ici, on peut se référer au *Palimpseste* de Gérard Genette.

« abstraite », où le sens n'est pas détachable de ce qu'il se passe sur scène, et celles de « Forme-Théâtre », narratives, dans lesquelles le spectacle devient le signifiant d'une autre réalité, comme la danse expressionniste. Cette seconde « Forme-Théâtre » fonctionnerait sur un modèle linguistique. Cependant, en voulant opposer la danse immanente à un modèle qui serait « linguistique », Pouillaude traite la parole comme si elle n'était qu'un signe, ce qui est loin d'être le cas[1]. Finalement, cette tension entre immanence et transcendance peut s'appliquer autant à la langue qu'à la danse, et cette « esquisse de sens », ne pouvant se saisir complètement, que l'auteur du *Désœuvrement* voit dans les pièces de Pina Bausch pourrait aussi bien se dire d'un poème de Mallarmé ou d'un vers solitaire d'Apollinaire. Une autre réserve serait celle de la généralisation et de l'exclusion, qui voudrait 'classer' les œuvres selon ces formes, alors qu'une perception immanente et transcendante peut cohabiter, parfois même simultanément, au sein d'une même œuvre : libre à moi de voir des représentations d'oiseaux dans les danseurs de Cunningham et de m'attacher à la qualité et au rythme du mouvement en regardant une chorégraphie de Kurt Jooss[2]. Je ne retiendrai donc pas nécessairement cette classification générale et exclusive qui me semble trop rigide pour explorer les détails qui se jouent au sein de la réception d'une chorégraphie. Cependant, nous pouvons à la suite de ces remarques penser que la perception de chaque mouvement dansé peut très bien se jouer dans l'immanence de sa propre réalité ou, sans qu'il y ait besoin d'un texte, renvoyer à un autre monde fictif. Que cette réalité existe

---

[1] J'explique plus longuement pourquoi dans la deuxième partie de cet ouvrage qui concerne le rythme.

[2] POUILLAUDE Frédéric, *Le Désœuvrement chorégraphique*, op. cit., pp. 169-171. Les références chorégraphiques que j'ai mobilisées renvoient aux *Oiseaux* de Merce Cunningham, chorégraphie réputée abstraite par excellence, et à la *La Table verte* de Kurt Jooss, pièce paradigmatique de la danse allemande dite d'expression.

dans la mémoire du spectateur sous forme de langage importe finalement peu[1].

Je partirai donc du principe que le texte et les mouvements que nous voyons sur scène peuvent, chacun, en plus d'être présents dans le temps réel de la représentation, évoquer un autre temps, et un autre espace, absents, qui projettent le spectateur vers un univers référentiel fictif, se rapprochant de la notion narratologique de diégèse.
Gérard Genette, à propos des récits littéraires, oppose les catégories, empruntées à la critique cinématographique et redéfinies d'après leur origine platonicienne, de diégèse et de mimesis. La diégèse désigne la relation des événements et l'univers qui a trait à cette relation, alors que la mimesis est l'action d'imiter, en particulier d'imiter une prise de parole, au style direct, sans truchement narratif[2].
Dans les chorégraphies de littéradanse que j'étudie, peut-on réellement parler de diégèse ? Si certains passages sont très proches de la mimesis (comme le début de *Museum*, où les protagonistes s'expriment sur scène au discours direct, mimant leurs propres personnages), d'autres sont diégétiques (dans cette même chorégraphie, les parties du texte d'Antoine relatant sa rencontre passée avec Jonah). Les textes, pris séparément, ne sauraient être tous qualifiés de diégétiques au sens strict : celui de Hugo von Hofmannsthal, par exemple, dans la chorégraphie de Fanny de Chaillé, est assumé par un personnage fictif distinct de l'auteur, et peut donc être considéré à cet égard comme la mimesis d'une lettre. Cependant, je ne m'attarderai pas sur cette question dans la mesure où mon étude ne porte pas sur les textes eux-mêmes mais sur les chorégraphies desquelles ils participent. Or, dans ces pièces, se crée,

---

[1] Ou relève d'une autre question, celle de la façon dont le geste « signifie ». A ce propos, on peut se référer à Michel Bernard, qui, dans *L'Expressivité du corps*, développe la thèse selon laquelle le geste ne peut être expressif que sémantisé par le langage, qui, lui-même, relève du geste car il ne peut s'accomplir hors du corps. Voir l'introduction du présent ouvrage.

[2] GENETTE Gérard, *Figures III*, Seuil, Paris, 1972.

de façon plus ou moins ténue, un univers référentiel porté par la gestuelle dansée, la scénographie, les mots. Ou même, parfois, des univers qui s'entrecroisent. Ces univers référentiels se superposent à la réalité de la représentation (l'ici et le maintenant dans lesquels évoluent les interprètes et le public).

Je propose donc d'employer ici le terme de diégèse pour désigner les univers référentiels symboliques (fictifs, passés, éloignés) créés par le texte et la chorégraphie, par opposition à l'univers référentiel de l'énonciation, c'est-à-dire celui de la représentation. Cet emploi, même s'il peut être parfois contestable dans son sens le plus strict qui l'oppose à mimesis, m'évitera de parler de temps « fictif », qui ne convient pas lorsque l'histoire racontée est réelle mais absente (c'est le cas de nombreuses références dans *Museum*) ; il évite également de parler de présent de l'énoncé, qui fait trop explicitement référence au langage et exclut la partie dansée.

Ainsi, *Le Groupe* de Fanny de Chaillé est une pièce qui construit un référent diégétique, celui qui est porté par la lettre de Lord Chandos, que l'on situe au XIXème siècle dans un ailleurs indéfini ; mais ce référent est mis à mal par de constants retours au présent de la représentation, celui des interprètes et des spectateurs, qui, nous l'avons vu, constitue le véritable propos de la chorégraphie, et prend le dessus. Cette coexistence prend place dans une réflexion sur le sujet.
Deux autres pièces de mon corpus, *Museum of nothing* et *La fille qui danse*, thématisent cette relation au présent en jouant des interactions entre le présent réel de la représentation et un (ou des) temps diégétique(s).

1.   Le présent et ses possibles dans *Museum of nothing*

La chorégraphie *Museum of nothing* présentée par Jonah Bokaer et Antoine Dufeu dans le cadre du festival *Concordan(s)e* s'ouvre sur un rituel d'échauffement proposé au spectateur, lors duquel Jonah propose une série de frappes visant à stimuler la circulation du sang. Cette partie est annoncée en ces termes :

> nous avons préparé un *Kunst Rituel* pour vous. Et pour nous tous. Et je vous assure que ce n'est pas du tout le *Sacre du printemps*. C'est un *Kunst Rituel* plus ancien. Ça fait trois mille ans. Ce sont en fait les plus anciens mouvements du monde. Si nous le faisons tous ensemble je vous donne *eine Sachertorte* de *meine Mutter*. Lo facciamo. Con le mani. Non avec les mains. Frappe frappe frappe. Trente-six fois. Tous ensemble.

La fin s'accompagne d'un mouvement de frappe de la tranche interne des mains l'une sur l'autre. Du point de vue linguistique, l'actualisation spatio-temporelle est celle de la représentation : le présent, (« lo facciamo » (« on le fait » en Italien), « on frappe », « on est presque fini », « on change ») est celui du spectacle, l'espace est celui de la scène. Le temps qui s'écoule, rythmé par le nombre de frappes comme par un métronome, correspond au temps réel que vit le spectateur.

Or, si la parole réfère dans cette première partie au présent de la représentation, assurant entre les spectateurs et les interprètes une circulation et une interaction fluides, tout comme l'échange de la pratique corporelle que Jonah transmet au public, la gestuelle, rapportée aux pratiques de la danse et de la scène, implique une autre temporalité, car elle évoque les pratiques de l'échauffement, bien que réduites à leur strict minimum : le mouvement répétitif, la stimulation corporelle qu'il provoque, fonctionnent comme des préliminaires annonçant le spectacle à venir. Le spectateur se prépare à écouter et à voir, les interprètes à endosser leurs rôles. La temporalité qui se dessine est une temporalité extradiégétique, mais qui annonce une diégèse future. Assurant par avance le bon déroulement du spectacle en créant entre les spectateurs et les artistes une relation de confiance, nous pourrions lui attribuer une valeur magique à l'instar de celle que Marcel Mauss définissait dans les *techniques du corps* : décrivant le rituel qui précède la chasse à l'opossum chez les Australiens, l'ethnologue montrait en effet que tout le rituel magique visait à créer un lien entre le chasseur et la communauté. Et c'est ce rapport de confiance qui assurerait la prise de l'animal[1]. Sur ce modèle, toute cette première partie de *Museum of nothing* peut se lire comme un rituel magique : Jonah affirme qu'il s'agit du plus vieux rituel du monde, invoquant l'autorité de la tradition ; il en commente les vertus, affirmant son action sur la circulation du sang et les articulations. Le polylinguisme lui-même peut parodier la part d'occulte présente dans les formules magiques, qui leur procure ce caractère mystérieux et érudit assurant la crédibilité des interlocuteurs, et en même temps a pour fonction de relier universellement les individus par-delà leurs langues. Il fait également signe vers les diverses origines culturelles de Jonah, mais aussi, par extension, vers celles des spectateurs susceptibles de le comprendre dans la salle, et ouvre donc un horizon géographique qui, d'emblée, transcende le présent de la représentation. Dans ces exemples, le présent a une fonction métagestuelle (il commente le geste), et lui

---

[1] MAUSS Marcel, *Les Techniques du corps*, in *Sociologie et anthropologie*, Paris, PUF, 1950. Catherine Perret, lors du séminaire de l'EDESTA à l'université Paris 8 du 12 octobre 2015, a mis en relief l'importance de cette notion de « confiance » dans la définition du rituel chez Mauss.

procure son efficacité en l'énonçant : la parole et le geste sont doués d'efficace, comme dans les rituels magiques, et cette efficace est à relier à la confiance qui s'instaure entre les interprètes et le public, assurant le bon déroulement d'un spectacle imminent. Le rituel est à la fois sérieux et humoristique. L'auto-dérision lui donne des allures de parodie, mais l'effet sur le spectateur est bien réel, et l'humour lui-même assure la complicité entre les interprètes et leur public. C'est donc le présent de la représentation qui est annoncé et thématisé : spectateurs et artistes se trouvent reliés ici et maintenant par cette pratique commune et la circulation du mouvement, ainsi que l'événement du spectacle, peuvent advenir dans ce cadre.[1] Un silence, rendu intense par l'arrêt des frappes, assure la transition avec la suite, qui s'ouvre sur les affirmations en anglais puis en français : « you are here whoever you are. Wherever you come from. And wherever I go ». « Toi et moi sommes présentement et insensiblement là ». La phrase française n'est pas la traduction de la phrase anglaise[2]. Les deux ont pour point commun de poser un présent « you are », « toi et moi (…) sommes » et un lieu « here », « là ». Par rapport à ce présent s'esquisse un passé impliqué par « you come from » et un futur, ou un possible, évoqué par « I go » : l'origine et le départ, définis au présent, nous parlent de lieux traversés, et ainsi impliquent un passé et un futur ancrés dans le présent, comme si le présent rayonnait de souvenirs et de possibles. Juste après cette transition, les deux interprètes se déplacent et prennent position au centre de la scène, dans l'espace occupé par la structure métallique qui figure une cage. L'association de ce texte et de ce déplacement ouvre dans le spectacle une dimension diégétique : on sent que nous ne

---

[1] Frédéric Pouillaude dans *Le Désœuvrement chorégraphique* rappelle que le théâtre grec s'inscrivait pour exister dans un cadre rituel. Le rite et le spectacle, s'ils diffèrent par certains aspects, ont en commun cette événementialité qui leur procure une relation immanente au présent de l'énonciation. Voir POUILLAUDE Frédéric, *Le Désœuvrement chorégraphique, op. cit.*, p. 131.

[2] La phrase anglaise signifie « nous sommes ici, qui que tu sois. D'où que tu viennes. Et où que j'aille ».

sommes plus confrontés au même présent, mais à celui du récit, dans un lieu qui est toujours la scène mais se charge d'une portée symbolique, elle aussi, diégétique.

Les propos d'Antoine ont une fonction déictique, mais ils montrent deux *hic et nunc* en même temps : celui de la représentation et celui d'une diégèse à venir. De même, dans *Le Groupe* de Fanny de Chaillé, Guillaume accomplit, lors d'une énumération, l'acte physique de « montrer » les objets qu'il désigne par le langage, faisant coïncider la réalité de l'énonciation avec celle, fictive, de la lettre de Lord Chandos.

Revenons à *Museum*. Le récit s'ouvre sur la phrase suivante, prononcée par Antoine :

> Ayant légèrement penché ta tête vers le
> bassin de la fontaine, tu inclines alors
> ton buste pour tenter de voir à travers
> une eau relativement claire.

Le ton récitatif, la syntaxe propre à l'écrit, ne nous laissent pas de doute sur le changement qui s'est effectué : il s'agit d'un texte littéraire, écrit, récité.

Pendant cet énoncé, Jonah et Antoine sont assis à genoux l'un en face de l'autre, avec au centre un saladier plein d'eau. De même que le texte, l'emplacement des protagonistes sur la scène, formant une parfaite symétrie, semble n'avoir rien de spontané. Le mouvement qu'effectue Jonah lorsqu'il se penche vers le saladier est précis et contrôlé. L'écriture chorégraphique, comme l'écriture littéraire, se donne à voir comme telle au moment où l'on perçoit dans la réalisation des mots et des mouvements une certaine préméditation : un autre temps s'ouvre dans le présent de la représentation, dès lors que la parole et la gestuelle ne se donnent pas comme un « effet de spontanéité » : celui de l'avant, de la préméditation que l'on appelle, en danse également, « écriture ».

> Le temps de la présence – milieu et matière de la représentation – semble irrémédiablement exposé à la nécessité d'une mise en forme qui l'anticipe et le déborde

écrit Frédéric Pouillaude dans *Le Désœuvrement chorégraphique*[1]. Il y aurait beaucoup à dire sur l'emploi français du terme « écriture » pour qualifier la composition chorégraphique. L'analogie avec le langage m'a semblé ici intéressante parce qu'elle nous parle de la même temporalité : non pas celle de l'après, de la trace qu'on considère en général quand on parle d'écriture, mais celle de l'avant, de la préparation qui nécessite une certaine fixation. Contrairement à ce que développe Frédéric Pouillaude, qui ne considère l'écriture que comme la trace lorsqu'il écrit plus loin que le chorégraphe n'est pas celui qui « écrit » mais « invente et montre »[2], le terme écriture, tel qu'on l'emploie couramment pour la danse, semble plus proche de l'archi-écriture que Derrida considère comme l'origine de tout langage, y compris oral[3]. Il ne s'agit pas seulement de fixer pour pouvoir reproduire la même chose plusieurs soirs de suite : la qualité d'une parole comme d'une danse se modifie considérablement lorsque celles-ci sont préalablement composées, comme si la grammaire n'était pas la même. En danse, cela peut tenir à la précision de la spatialité et de la temporalité des mouvements effectués, au niveau général comme à celui du danseur, qui donnent l'impression d'avoir été réfléchis et définis au préalable.

Cet exemple remet clairement en question l'impression selon laquelle la danse serait davantage présente que le langage, qui seul pourrait ouvrir une dimension temporelle diégétique. Ici, il y a un présent du geste, effectué par Jonah, comme un présent des paroles prononcées

---

[1] POUILLAUDE Frédéric, *Le Désœuvrement chorégraphique*, op. cit., p. 159.

[2] *Ibid.*, p. 208.

[3] DERRIDA Jacques, *De la grammatologie*, Paris, Minuit, 1967.

par Antoine. Mais ces deux modes de présence comportent une dimension diégétique, soutenue par l'existence sous-jacente et explicite d'une composition préalable.

La phrase prononcée par Antoine et le geste effectué par Jonah entretiennent cette fois un rapport illustratif : le mouvement du danseur illustre l'action de « se pencher » attribuée dans le texte à la deuxième personne, « tu ». Le saladier présent sur scène devient, sur le plan diégétique de la fiction, l'équivalent de la fontaine évoquée par Antoine.

Cependant, l'univers scénographique et gestuel fonctionne à la manière d'un signe polysémique : il ne renvoie pas seulement à ce présent diégétique, celui du début du récit d'Antoine, mais à un passé historique. Il nous faut pour le saisir remonter au début de la représentation. La scène est alors plongée dans le noir, et Jonah, en guise d'introduction, prononce ces deux phrases :

> En mil neuf cent soixante et quatorze, Joseph Beuys est dans une cage métallique à la galerie René Block, à Soho à New York. Avec un coyote sauvage. Il parle directement au public.
> En 428 avant Jésus-Christ, Euripide est dans le théâtre de Epidaure, avec son chien fidèle qui s'appelle Argos. Il parle directement au public :
> « Vos visages, je ne le comprends pas. La nuit, je me tiens à l'arrière du théâtre. Je vous regarde, absorbés de sexe, la mort, la dévastation, heure après heure, pris dans une étrange sorte de excitation infantile, puis, sans aucune raison, votre fièvre chute. Brutalement. »

Deux citations au présent, mises en exergue et reliées par l'évocation d'une modalité d'énonciation : l'adresse « directe » de l'auteur à son public, modalité que reprennent Jonah et Antoine lors du rituel d'ouverture ; un lien se noue à travers les âges entre Euripide, Joseph Beuys et le spectacle actuel.

L'allusion à Beuys était déjà présente dans un temps encore plus liminaire du spectacle, puisqu'on la trouvait sur les programmes distribués à l'entrée :

> Ce projet a été inspiré par *I Like America and America Likes Me* créé à la galerie René Block de New York, en mai 1974, par l'artiste Joseph Beuys. Pour cette performance, Beuys a vécu dans une cage avec un coyote sauvage trois jours durant.

De plus, durant le rituel, Jonah prévient le spectateur, comme dans les contes d'enfants, qu'un coyote risque d'arriver sur scène, accompagnant cette mise en garde d'un geste des deux mains mimant des griffes.

Donc, lorsque le spectateur voit Jonah se pencher au-dessus du saladier d'eau, à quatre pattes, dans une structure métallique évoquant une cage, la mémoire du début de la représentation le transporte vers le temps passé de la performance de Beuys, en 1974, à New York.
Nous voyons se dessiner une temporalité et une spatialité complexes dès lors que le présent énonciatif se double d'autres présents, symboliques, référant à des univers diégétiques. La parole et le geste sont à une parfaite égalité et entrent en dialogue dans la mise en place de ces univers fictifs ou passés pour les faire exister sur scène. Cependant, nous voyons également que la superposition du mouvement et du texte se distingue des attentes que l'on pourrait avoir d'une situation théâtrale : tout en dialoguant, ils restent indépendants l'un de l'autre, cherchant à superposer les référents possibles plutôt qu'à créer un référent stable et cohérent, alors que la première partie rituelle se rapprochait au contraire d'une relation théâtrale

traditionnelle, car les gestes des protagonistes appartenaient au même univers référentiel que les paroles[1].

Bien qu'illustrative, la relation entre danse et parole n'est pas redondante car elle est en tension, du fait de la polysémie évoquée, et en dialogue car le texte et la gestuelle se rencontrent sans s'attarder, se distancient et se retrouvent. Tandis que Jonah continue de faire des bulles dans le saladier d'eau, le texte poursuit :

> Il ne fait pas froid. Mais nous sommes revêtus de pull-overs et de blousons. Il ne pleut pas. Et nous ne portons pas de parapluie. Nous sommes ici en plein
> – Pantin
> – Et nous sommes là où nous nous sommes rencontrés pour la première fois. Bien que tu n'y voies rien, tu distingues quelques poissons et des algues et quelques détritus en suspension dont tu estimes assez rapidement les nombres que tu n'inscris nulle part ailleurs que dans ta mémoire, laquelle est en cet instant précis aussi vive que des amitiés inconditionnelles parce que puissamment inféodée aux rapports hiérarchiques de pouvoir ultra-personnalisé et asservie à des

---

[1] Le théâtre et la littéradanse peuvent se rejoindre dans des propositions contemporaines où le théâtre remet en question la cohérence référentielle entre corporéité et langage. Cependant, je pense qu'il y a une différence à l'endroit des attentes du spectateur et donc de la façon dont elles sont déjouées : ce qui apparaît comme subversif par rapport à une situation traditionnelle au théâtre, où le spectateur s'attend à voir un même personnage qui parle et bouge (même si le langage verbal et celui non verbal ne signifient pas la même chose), ne l'est pas nécessairement en danse, où la construction de personnages coexiste largement, nous l'avons vu, avec l'intérêt immanent du mouvement effectué par le danseur.

> institutions dont on ne conservera même nul reliquat, mais laquelle aurait pu être aussi morte que des produits à la dérive à l'intérieur d'avions circulant perpétuellement sinon systématiquement entre grand Paris et New York City
> – alias Manhattan
> (...)
> – et dont les soutes transporteraient aussi régulièrement des coyotes autrefois sauvages traités d'un zoo à l'autre et dont la rareté n'aurait d'égale que l'étrangeté.

Si certains éléments renvoient au mouvement scénique, d'autres s'en éloignent jusqu'à n'avoir plus rien à voir, créant un écart référentiel entre l'univers linguistique et l'univers scénique : la simultanéité spatiale énoncée par le texte : « nous sommes ici en plein Pantin et nous sommes là où nous nous sommes rencontrés pour la première fois » joue explicitement de la superposition des univers référentiels. Plusieurs temporalités et plusieurs lieux semblent cohabiter dans les mêmes temps et espace scéniques. Pendant ce temps, l'univers gestuel crée sa propre diégèse, en évoquant la performance de Beuys. A la fin du passage cité, l'allusion aux coyotes des zoos dans le texte rencontre cette diégèse gestuelle. Cette allusion est également ancrée dans l'univers référentiel linguistique, dont l'objet du discours change sans cesse : l'allusion aux avions transportant autrefois des coyotes sauvages a un statut de métaphore (l'amitié aurait pu être « aussi morte que des produits à la dérive à l'intérieur d'avions... »), mais fait l'objet d'un nouveau développement historique digressif dans lequel apparaît l'allusion aux coyotes. Ainsi, les deux diégèses, gestuelle et linguistique, trouvent, sans se rejoindre tout à fait, un nouveau point de jonction, non plus dans le présent de la rencontre mais dans le passé, rendu présent par le spectacle en cours, de la performance de Beuys.

La gestuelle, comme le texte, possède donc clairement une capacité diégétique. Le jeu de croisement entre deux diégèses présentées simultanément au public permet de ménager des points de rencontre et d'éloignement, et de superposer plusieurs temporalités sans que l'une n'efface l'autre. Cependant, ceci n'est vrai que parce que la partie dansée possède une forte charge symbolique : on reconnaît volontiers que le mouvement de Jonah est chorégraphié quoique minimaliste, car il est effectué avec une très grande économie d'effort[1], mais il possède ce que Laban appelait une portée « mimique » : une intention que nous pouvons lire comme théâtrale parce qu'on lui attribue un but. Il fonctionne donc comme un signe, que nous associons à des référents diégétiques : ceux du texte (« tu te penches vers la fontaine »), ceux, plus flous, que crée la référence à Beuys (se pencher vers un saladier pour boire dénote l'animalité, celle du performeur rendu par son expérience à l'état animal et celle du coyote lui-même), et ceux, humoristiques parce qu'absurdes, de la situation d'énonciation (être sur scène et se pencher vers un saladier rempli d'eau pour y faire des bulles, avec l'aspect enfantin que cela comporte). Finalement, dans ce moment de la chorégraphie, nous sommes très proches, quoique sur un mode décalé, humoristique et minimaliste, d'une gestuelle de « théâtre dansé », en référence à l'expressionnisme allemand ou aux ballets de Pina Bausch : la gestuelle fait signe vers un référent symbolique ou un concept au même titre que le langage.

Mais la danse n'est pas nécessairement symbolique. La gestuelle dansée peut ne pas tendre à faire signe vers un référent, mais simplement à se déployer dans l'espace et le temps, faisant appel chez le spectateur à des sensations kinésiques plutôt qu'à la construction d'un univers référentiel : ce que Pouillaude, nous l'avons vu plus haut,

---

[1] Dans la *Maîtrise du mouvement*, Laban caractérise le danseur virtuose et le travailleur par cette économie d'effort qui donne au geste une impression d'aisance. Voir LABAN Rudolf, *La Maîtrise du mouvement*, traduit de l'anglais par Jacqueline Chalet Haas et Marion Bastien, Actes Sud, Arles, 1994 (1988 pour l'édition anglaise), pp. 25-26.

qualifie d'immanence, ou de « Forme-Musique » du temps de la chorégraphie[1]. Ainsi dans la dernière partie de *Museum*, Antoine se trouve à l'intérieur de la cage, muet et statique [2], tandis que Jonah effectue autour de la structure une danse et qu'on entend, en voix off, le texte d'Antoine, rendu lointain par un effet sonore de déformation acoustique. L'éloignement et la séparation caractérisent à plusieurs titres cette séquence : éloignement des deux interprètes dans l'espace souligné par l'opposition scénographique entre le « dedans » et le « dehors », séparation de leurs rôles respectifs, séparation de la voix d'Antoine et de son corps présent sur la scène. Le texte que l'on entend est au conditionnel :

> sur un coup de tête, nous déciderions de
> partir le lendemain pour Avignon, parce
> qu'il nous faudrait à nouveau observer la
> cour d'honneur du Palais des Papes.

Le conditionnel est un temps qui, comme le futur, possède la valeur modale de l'inaccompli, donc de l'irréel. Les événements évoqués sont de l'ordre du possible : la distance est également celle qui est instaurée avec le présent, d'abord celui de l'énonciation, avec lequel le texte n'a plus aucun lien. Ensuite celui de la fiction, car même au sein de la diégèse, ce moment n'existe pas, il est seulement possible. On remarque d'ailleurs que le récit perd son ancrage réaliste : si on se concentre sur la narration, qui passe au présent, on remarque qu'il

---

[1] Je rappelle que je me positionne face à cette distinction dans une optique où les deux formes peuvent coexister dans une même chorégraphie, voire être simultanément perçues dans un même moment de la chorégraphie. Ce que je propose de distinguer ici, ce sont des tendances dominantes à deux moments d'une même pièce.

[2] En réalité, il n'est pas tout à fait statique : il range d'abord les feuilles de papier éparses avant de s'immobiliser, opposant à la danse 'abstraite' de Jonah des mouvements d'ordre 'pragmatique' auxquels le spectateur ne prête qu'une attention distraite.

s'agit d'un parcours rocambolesque lors duquel les deux amis volent une voiture, changent de voiture à mi-parcours puis finissent le trajet en hélicoptère.

Enfin, comme pour accompagner ce mouvement d'éloignement, le thème même du texte est un voyage, un déplacement, qui n'est pas sans évoquer la danse qu'effectue Jonah, dont la qualité spatiale est très sensible : les directions très claires ainsi que l'alternance régulière de mouvements directs et indirects donnent à l'espace une importance particulière à ce moment de la chorégraphie. A la fin de l'extrait, le déplacement 'raconté' dans le texte évoque celui que l'on voit sur scène avec l'apparition, incongrue dans la narration d'Antoine, du verbe « danser » :

> Pour toi comme pour moi, sortir dans la rue, nous y déplacer en marchant ou en dansant équivaut à traverser les espaces y compris frontaliers par l'entremise actuelle de n'importe quel moyen de transport imaginable.

Peut-on, à cet endroit de la chorégraphie, considérer que le texte et la danse se sont éloignés l'un de l'autre à l'instar de Jonah et Antoine ? Les mouvements dansés ne fonctionnent plus comme des signes, ils ne contribuent plus à construire une diégèse apte à croiser ou infléchir celle du texte. On pourrait à ce titre considérer que chacun regagne son territoire propre, en cette fin de chorégraphie. La danse se déploie au présent en une suite de mouvements sensibles, et le texte s'écarte définitivement de ce présent, ouvrant l'espace de l'inaccompli grâce au conditionnel.

Mais cette interprétation repose sur le présupposé d'une division des domaines de la langue et de la gestuelle, qui n'est pas nécessairement fondé : aussi bien pourrait-on dire qu'à ce moment, la parole elle-même perd son statut de signe. L'univers référentiel construit par le langage devient très flou, notamment en raison des nombreuses digressions du propos qui s'expriment à travers une structure syntaxique complexe, comme par exemple dans ce commentaire du terme « anticonstitutionnellement » qui ouvre une série de remarques politiques :

> En regardant la fenêtre de la grande audience, qui, sur le côté droit, surplombe la cour du palais, tu me déclareras que le mot le plus long, est, en langue française, anticonstitutionnellement : qu'il s'agisse d'un adverbe ayant trait à la question complexe parce qu'éminemment actuelle des constitutions n'est certes pas le fait du hasard, mais celui d'une *stasis* dans l'*ekphrasis* nous révélant la nature belliqueuse des politiques majoritaires du moment dont la transformation relève d'un véritable défi.

La phrase se développe en de nombreuse propositions juxtaposées, coordonnées et relatives, qui déplacent le propos, rendant très difficile, à l'oral, dans le temps du spectacle, de suivre la diégèse initiale. Seule une quatrième ou cinquième écoute permet de réellement saisir l'enchaînement des événements racontés. Ce manque d'intelligibilité est accentué par la diffusion volontairement très déformée de la voix d'Antoine. Il est donc, pour le spectateur en condition de représentation, quasiment impossible de retracer 'ce qu'il se passe', donc de se projeter dans un univers référentiel diégétique. Ce qui reste de ce passage, ce sont des impressions (celle d'un flux de paroles qui se déroule sans cesse, celle de changements de 'niveaux' dans le discours, lorsque l'on passe d'un univers à l'autre au détour d'une phrase) ; ce sont quelques mots, qui sans doute varient en fonction des spectateurs, mais qui peuvent être des lieux traversés (« Avignon, Paris... »), des notions abstraites, conceptuelles, associées à des évocations de la vie dite 'de tous les jours'. On peut retenir l'évocation de moyens de transport et la vague trame d'un voyage, appuyée par des termes évoquant le déplacement : « aller », « marcher », « danser ». On voit clairement que la compréhension que nous pouvons avoir du texte existe, mais elle se situe à un autre endroit que celui du signe : celui de la parole, de l'acte de dire, de la façon d'agencer les phrases et de juxtaposer les niveaux du discours. Or, ces caractéristiques du texte le rapprochent de la danse que Jonah est en train d'effectuer, dans laquelle les mouvements se déploient en flux libre et sont contrariés par des impulsions rapides qui leur impriment des changements de direction et des accélérations, créant dans la trajectoire et l'énergie des méandres similaires aux phrases d'Antoine qui se déploient dans une direction, puis en prennent une autre au détour d'une comparaison. Le mouvement que l'on perçoit sur la scène met l'accent sur cet aspect du texte qui se fait rythme. Parole et danse s'éloignent ensemble de leur fonction signifiante pour se déployer dans le présent tangible d'une corporéité sensible.

Cette lecture de *Museum of nothing*, par le prisme des présents, énonciatifs et diégétiques, nous permet de mettre en évidence trois points de rencontre entre le texte et la danse : au début, geste et texte renvoient au présent de l'énonciation, de la représentation scénique. Dans la scène de la fontaine, le texte se déploie dans un présent diégétique, celui de la rencontre, et la gestuelle oscille entre l'illustration de ce présent diégétique et un autre, celui de la référence à Beuys. Tous les deux renvoient également régulièrement au présent de l'énonciation (dans un effet que Brecht aurait appelé « distanciation » au théâtre, mais qui ici est un peu différent, car jamais nous ne rentrons totalement dans la fiction en nous détachant de la situation d'énonciation. Celle-ci reste toujours présente, à la manière d'une superposition)[1]. Enfin, une dernière partie nous laisse entrevoir la

---

[1] BRECHT Bertolt, *Petit organon pour le théâtre*, traduit de l'allemand par Jean Tailleur, éditions de l'Arche, Paris, 1978 (édition originale : 1948).

possibilité d'un croisement où geste et texte se rencontrent à un autre endroit que celui du signe, sur lequel nous aurons à revenir[1].

Les deux chorégraphies de Dobbels prennent le parti, à première vue, de s'éloigner d'un croisement diégétique entre texte et danse : la danse semble confrontée au texte dans une relation qui se rapproche de la partie conditionnelle de *Museum* : prises dans leurs globalités, les chorégraphies, abstraites, ne semblent pas faire signe vers une quelconque diégèse, et relèveraient plutôt de la « Forme-Musique » immanente que décrit Frédéric Pouillaude. Elles n'entretiennent pas avec le texte une relation illustrative. Pourtant, la première du diptyque, *La fille qui danse,* joue, sur un registre qu'il est intéressant de confronter à ce que nous avons dit de *Museum*, de la référence au présent du spectacle. En effet, dans cette pièce, Carole Quettier est littéralement une « fille qui danse » et Dobbels, situé hors du champ scénique, lit un texte de Fleischer qui justement nous parle d'un texte qui évoque une fille qui danse : nous partons du degré zéro de la diégèse, où l'histoire racontée se confond avec la réalité que nous avons sous les yeux.

2. *La fille qui danse* : oscillations du présent et du désir

Dès le début de la chorégraphie, le présent du texte reflète la réalité de la représentation : « je me trouve sur une scène de théâtre », pour s'en éloigner tout de suite après : « mon ombre ne m'apparaît

---

[1] Voir la deuxième partie de cet ouvrage.

pas, je ne suis pas dans le même espace ». Le narrateur exprime lui-même une incertitude quant au lieu où il se trouve : « comme si je m'adressais à un auditoire, mais dans quel lieu, dans quelles circonstances ? » Le spectateur hésite quant au présent dans lequel se place ce narrateur : nous parle-t-il de la réalité de la représentation à laquelle nous assistons, ou d'un autre espace-temps, fictif, théâtral, dont la représentation serait le signe ? A la fin, référent diégétique et présent de l'énonciation se trouvent très proches : « se peut-il que je me trouve à une représentation chorégraphique d'une danseuse en solo ? », puis le commentaire de la parole qui s'éteint doucement « je diminue la force de mon élocution », « je vais parvenir à me taire », accompagne la fin du texte qui laisse la place à une musique annoncée : dans un effet de clôture, la diégèse se confond tout à fait avec le présent de l'énonciation.

Cette situation se complique par une mise en abyme : le narrateur du texte de Fleischer se présente comme un lecteur en train de lire un texte (comme Dobbels, donc, qui est en train de lire le texte). Il y a comme une ombre fictive qui se détache, mais à peine, de l'ici et du maintenant scéniques. Cependant, ce que nous voyons, ce n'est pas ce narrateur qui se regarde nous parler et se tait. Ce qui constitue le présent visuel de la représentation, c'est le solo de Carole Quettier. Et cette danse apparaît également dans le texte lorsque le narrateur croit apercevoir dans le texte qu'il lit « un être humain occupé à une quelconque action » et se demande « mais de quel homme ou de quelle femme cette forme pourrait-elle être le contour ? » ; puis lorsqu' il évoque la sensation qu'il y aurait quelqu'un sur un écran immatériel derrière lui, qu'il ne voit pas mais imagine. Il parle alors d'une « hallucination passagère » en relation avec le « texte qu'[il] lit » dans lequel est décrite « une forme qui ne cesse de se déformer ». Plus loin, il croit voir une forme insaisissable qui serait peut-être celle d'un corps : « le texte que je lis s'interroge sur les fluctuations constantes d'une même forme en mouvement » ; il énumère alors toutes les formes dont il pourrait s'agir, et le dernier terme de l'énumération est un corps. Ensuite, ce sont les lettres mêmes du texte qui se mettent à danser et à devenir des formes ou des ombres. Puis le narrateur-lecteur évoque le désir de voir surgir de la lecture de son texte « l'image d'une fille qui danse » : à ce moment s'établit la coïncidence entre la réalité de la représentation et le propos du texte qui n'était que suggérée précédemment par les évocations très allusives du corps et du mouvement. Cette coïncidence surgit dans un présent qui est celui du désir : l'image n'est pas celle qu'il voit mais celle qu'il voudrait voir. Et, soudain, parce qu'il rencontre ce que nous voyons sur scène, une fille qui danse, ce désir nous apparaît plus réel que la réalité de la représentation. A moins que ce ne soit la réalité de notre perception qui ne soit interrogée par ce texte ? Il y a dans les propos du narrateur comme un effet de mise au point, qui évoquerait une image totalement floue devenant nette par instants, mais laissant voir à chaque fois des formes difficiles à saisir, jusqu'à se fixer sur cette « fille qui danse ».

Or, la danse que l'on voit sur scène produit exactement l'effet inverse. S'il n'y a pas de doute au début de la chorégraphie, avant que ne commence le texte, que devant nos yeux, dans le présent de la représentation, se tient le corps d'une danseuse, de profil, sur la scène, au fur et à mesure, la réalité immédiate de ce corps est mise en question. Dès les premiers instants, lors d'un passage au sol, Carole Quettier est assise en seconde position, la jambe droite tendue et la gauche fléchie. Une légère torsion du buste décale la ligne des épaules par rapport aux hanches, et ses mains tombent au sol, l'une en arrière du corps, l'autre devant. Dans la faible lumière de ce début de spectacle, on aperçoit surtout les parties nues du corps de l'interprète, le reste du corps, vêtu de couleur sombre, disparaissant dans l'ombre. La position, sans être en soi extraordinaire, rend difficile de comprendre exactement comment sont reliées les parties de ce corps. Et lorsque, par de légères impulsions du buste, cette « forme » se met à tourner, on voit réellement une « forme qui se déforme sans cesse ». De même, un peu plus loin, Carole Quettier roule sur le dos avec la jambe droite tendue, dont elle tient le pied, et la jambe gauche fléchie. Dans ce mouvement qui se déploie dans un temps neutre très régulier, on voit des formes chaque fois nouvelles, que le mouvement continu de la roulade empêche de fixer. A ce moment le

texte affirme « Il m'arrive parfois d'imaginer furtivement la silhouette d'un corps humain », et précisément il nous incite à nous détacher, en tant que spectateur, de la vision d'un « corps », pour voir dans la danse de Carole Quettier autre chose, une succession de formes traversées de dynamiques et d'énergies. Mettant en question la réalité de ce qui se déroule sous nos yeux, le texte interroge la complexité de la danse et nous ouvre des possibilités de lecture très vastes du corps dansant. Il se fait lui-même réflexion sur la danse (« car qu'est-ce que la danse ? ») qu'il définit, après avoir énuméré divers phénomènes naturels assimilés à la danse, comme proprement humaine : « Seul l'homme fait de son corps ce langage qu'est la danse qui produit des imprécations des litanies des prières des invocations ou des épopées ». Ici, le texte se fait métagestuel, mais à un niveau plus ontologique que celui que nous avons vu plus haut à propos du rituel dans *Museum* : il commente l'acte de danser. Le présent qu'il produit a encore une autre valeur, celle de la généralité, qui agrandit infiniment son espace. Dans ce présent très vaste, englobant une temporalité infinie, la danseuse que l'on voit sur scène semble soudain un point au milieu d'un très grand vide, et la forme se ramasse sur elle-même, dans un mouvement de repli de tout le corps vers son centre.
Dans cette chorégraphie, le jeu sur les fluctuations du présent nous entraîne dans des perceptions diverses de la réalité et modifie la lecture que nous avons du mouvement, qui se détache de l'idée de corps. Voir un corps dans la danse, ce n'est peut-être que la projection du désir du spectateur, alors qu'il n'y a rien de tel : juste des formes mouvantes, indéfinies, traversées d'énergies.

La situation est complexifiée par rapport à ce que nous avons vu dans *Museum* parce que le texte et la danse ne sont pas seulement des signes renvoyant ou non à un même présent, mais ils sont chacun leur propre référent : le texte fait signe vers la danse qui elle- même fait signe vers le texte. Cet effet de miroir provoque dans la perception que nous avons de l'un et de l'autre de profondes métamorphoses que nous étudierons plus loin en détail. Il ne s'agit pas de construire un univers par le biais du texte et de la danse, mais d'interroger l'acte même de danser et de signifier par la parole à travers ce croisement.

Ce premier parcours m'a permis d'interroger les chorégraphies de mon corpus en prenant pour point de départ les notions de sujet et de présent.
Au niveau le plus extérieur, la question du sujet m'a amenée à considérer le problème de l'auteur de pièces composées d'un texte et d'une partie dansée. Nous avons vu que la tendance était à considérer le chorégraphe comme l'auteur de la pièce, et donc le spectacle entier comme une chorégraphie, sauf quelques cas de co-signature. A présent que nous avons évoqué les temporalités à l'œuvre dans les chorégraphies, nous pourrions également considérer celles des écritures : en effet, au détour du parcours sur le présent nous avons croisé la notion de composition qui, lorsqu'elle se donne à voir, invoque dans le moment du spectacle un « avant », dont il m'a semblé intéressant de rappeler qu'il s'appelle, en français, « écriture » aussi bien pour la parole que pour la danse. Plutôt que de considérer cette acception comme un abus de langage ou un paradoxe, j'ai préféré y voir une appréhension de la notion d'écriture qui ne fait pas trace, et donc n'est pas tournée vers le futur, mais qui précède la prise de parole et le geste pour en définir l'organisation dans le temps et l'espace, rejoignant ainsi l'archi-écriture dont parle Derrida dans la *Grammatologie*, et qui fait signe, au moment de l'actualisation, vers un « avant » plutôt que vers un « après »[1]. Cette remarque, formulée à propos de *Museum of nothing*, pourrait l'être à propos de toutes les chorégraphies et montre que la danse n'est pas plus intrinsèquement présente que le texte, dans la mesure où elle n'est pas improvisée sur

---

[1] DERRIDA Jacques, *De la grammatologie, op. cit.*

scène mais – et cela se perçoit dans les chorégraphies – a été « répétée », « composée », « pensée » au préalable. Pourquoi, alors, constate-t-on que, dans la plupart des cas, une chorégraphie s'écrit sur un texte antérieur ? Pourquoi a-t-on du mal à imaginer un texte qui s'écrirait « sur » une danse ? Même dans le cas le plus limite du festival *Concordan(s)e*, pensé par Jean-François Munnier comme un temps d'écriture commun, la discussion avec Antoine Dufeu et Jonah Bokaer laisse transparaître que le texte d'Antoine était écrit avant que Jonah n'ait composé la chorégraphie. Plusieurs voies de réponse sont possibles ; je chercherais quant à moi à déplacer un peu le problème et à établir une distinction, qui étrangement n'est jamais très nette mais qui pourtant semble primordiale, entre l'endroit de la danse et celui de la chorégraphie. Il y a une composition chorégraphique qui agence, dans le temps d'une représentation, un texte (qui est forcément adapté, ne serait-ce que par les choix de diction) et des mouvements dansés (qui, en partie, préexistent à la création dans le patrimoine gestuel des danseurs et des chorégraphes). Cette distinction nous permet de mieux comprendre la signature des spectacles par les chorégraphes. Elle nous permettra également de montrer plus loin, notamment à travers l'exemple de la pièce de Fanny de Chaillé, qu'il existe une façon proprement chorégraphique d'appréhender un texte, qui est différente de l'approche théâtrale. Enfin, elle nous permet de considérer que des textes comme celui d'Antoine Dufeu ou celui d'Alain Fleischer, ont bien été inspirés par la danse de Jonah Bokaer et de Daniel Dobbels, dans le sens où ils ont été écrits pour la chorégraphie et avec la conscience de la danse à laquelle ils allaient être confrontés. La question de retracer chronologiquement l'ordre de composition me semble alors secondaire : un chorégraphe peut, pour créer une pièce, faire appel à une gestuelle plus ou moins codifiée préexistante, issue de son répertoire ou d'une technique identifiée, ou encore du patrimoine gestuel de l'interprète. De même, il peut convoquer sur scène un texte préexistant, que celui-ci ait été ou non écrit pour la danse, issu de sa bibliothèque personnelle[1]. On peut alors distinguer des lectures chorégraphiques *a posteriori* de créations où le texte et la danse ont été écrits, pour reprendre la belle expression de Daniel Dobbels, « par égard » l'un envers l'autre, comme peuvent l'être les créations du festival *Concordan(s)e*, *La fille qui danse* de Daniel Dobbels et Alain Fleischer, *BG/BG* de Bernadette Gaillard et Brigitte Giraud, ou encore *La Place du singe* de Mathilde Monnier et Christine Angot. La lecture chorégraphique, dans laquelle le chorégraphe écrit la danse par égard à un texte préexistant, serait le pendant symétriquement inverse des œuvres littéraires qui prennent la danse comme thème et dynamique d'écriture, comme c'est le cas, par exemple, du « roman dansé » *Myth(e)* de Joël Kerouanton, écrit « par égard » à une chorégraphie de Sidi Larbi Cherkaoui, ou des œuvres poétiques de Michaux, du Boucher et Célan étudiées par Alice Godfroy[2].

Entrant plus avant dans le cœur des chorégraphies, nous avons pu observer la répartition des instances énonciatives au sein du spectacle, ainsi que la façon dont la parole et la danse référaient à un présent, tantôt diégétique, tantôt énonciatif. Ces remarques me permettent de proposer une répartition des chorégraphies de littéradanse en fonction de ces relations à l'énonciation :
Si le sujet qui parle est le même sujet qui danse et si les discours réfèrent au même présent diégétique, la situation est très proche d'une situation théâtrale traditionnelle. La gestuelle accompagne la parole, soutient le discours, la diégèse du spectacle et participe à la construction psychologique du personnage.

---

[1] Voir à ce sujet la relation de Fanny de Chaillé au texte de Hofmannsthal dans l'entretien en fin de volume : la chorégraphe considère le texte comme sa propre parole (« Je me dis que c'est moi qui parle quand je lis ce texte »).

[2] KEROUANTON Joël, *Myth(e), roman dansé*, L'œil du souffleur, Massat, 2016 et GODFROY Alice, *Danse et poésie, le pli du mouvement dans l'écriture*, *op. cit.*

Aucune des chorégraphies du corpus étudié ne soutient d'un bout à l'autre cette répartition. Le début de *Museum* (le rituel) s'en rapproche, mais en référant à la situation d'énonciation. Dans la suite de la chorégraphie, sujets dansant et parlant se divisent et les diégèses assumées par la danse et le texte également, dans un jeu de croisement et d'éloignement perpétuels. *Le Groupe* de Fanny de Chaillé pourrait répondre à ces critères, car le groupe entier incarne le sujet Lord Chandos, mais la démultiplication du rôle, l'anachronisme délibéré ainsi que les constantes mises à distance lors desquelles les interprètes affirment leur identité d'interprètes interdisent toute identification simple de ce que nous voyons sur scène avec le personnage qui se raconte dans la lettre : les sujets sont donc les mêmes mais corporéité et texte ne réfèrent pas au même présent.

Je citerais, pour donner l'exemple d'une chorégraphie qui maintient ce parti pris énonciatif, le solo *Sad Sam Lucky*, présenté aux rencontres chorégraphiques de Seine-Saint-Denis en 2012 par le chorégraphe croate, Matija Ferlin, mettant en scène un poète du XIXème siècle à travers la récitation de ses poèmes à la première personne. Dans cette proposition, les mouvements dansés et les mouvements proprement théâtraux ont une frontière très poreuse, et si certaines parties semblent composées de mouvements « gratuits », qui ne soutiennent ni une histoire, ni un acte de parole, ceux-ci sont attribués au personnage plutôt qu'à l'interprète. Plus encore que celle de Fanny de Chaillé, cette chorégraphie se situe à la lisière extrême des genres chorégraphiques et théâtraux, et Matija Ferlin se qualifie de « performeur » plutôt que de danseur, chorégraphe ou comédien.

Lorsque le sujet qui parle se différencie du sujet qui danse mais que danse et parole réfèrent au même présent diégétique, la danse et la parole entretiennent une relation d'illustration, comme c'est le cas dans la partie de la fontaine de *Museum of nothing*, ou dans la chorégraphie *La fille qui danse* de Dobbels. Le corps dansant correspond dans le texte à une troisième personne, et le texte réciproquement semble illustrer la danse comme une description ou un commentaire de ce qu'il se passe. C'est à cet endroit que se situe sans doute le risque de redondance que craignent les auteurs de littéradanse[1]. En réalité, la danse et la parole ne signifient jamais exactement la même chose. Mais le risque consiste à construire en même temps un univers diégétique similaire, sans jamais en sortir, et sans que l'un ou l'autre ne se remette en question, d'où l'impression de « double emploi » que l'on trouve par exemple, à mon avis, dans une chorégraphie comme *retour à Berratham* d'Angelin Preljocaj sur un texte de Laurent Mauvigner. Dans cette proposition, on identifie tout au long du spectacle les danseurs aux personnages décrits dans le texte, les situations dansées illustrent, bien que métaphoriquement, la fiction : par exemple, le récit d'une scène de viol conjugal est rendu sur scène par cinq femmes accrochées à des grillages par leurs partenaires. Il ne s'agit pas, on le comprend, d'une mise en scène redondante dans le sens où elle serait l'accomplissement exact et réaliste du récit. Mais le symbolisme est si fort qu'associé au texte il ne peut se comprendre que d'une seule façon : on voit la violence et la contrainte qu'exprime le texte, et l'univers diégétique dans lequel sont projetées les cinq femmes est celui du récit. A la différence de ce qu'il se passe chez Fanny de Chaillé, la multiplicité des réalisations n'instaure pas de mise à distance car les sujets des danseurs n'existent pas en dehors de la diégèse : on identifie uniquement les cinq propositions à la même scène montrée cinq fois, ce qui crée un effet esthétique (comme cinq écrans qui montreraient le même film), mais n'interfère pas avec l'illusion diégétique. De même, fréquemment, on voit des verbes d'action du texte accompagnés d'une action similaire, comme le verbe « lancer » qui s'accompagne d'un lancer d'objets à travers la scène : le texte semble alors l'illustration

---

[1] La lecture de témoignages d'artistes et de critiques nous montre cette défiance : ainsi, par exemple, dans la partie de l'ouvrage *Danse contemporaine et littérature* consacrée aux paroles d'artistes, Murzilli : « le texte proféré, comme au théâtre, s'accompagne du geste, sans le redoubler » (p. 100) ; Stefano Genetti à propos de la collaboration entre Quignard et Sitter : « loin de commenter les gestes, la parole acquiert une fonction dramaturgique dans la mesure où elle ' noue des fils ' » (p. 105). Isabelle Ginot évoque cette même défiance chez Bagouet (*Dominique Bagouet : un labyrinthe dansé, op. cit.* p. 223).

verbale de ce qu'il se passe sur la scène. Les pièces que j'ai choisi d'étudier et de défendre prennent le parti d'engager une réflexion sur cette question de l'illustration, en croisant les diégèses dans *Museum*, qui interroge le spectateur sur les possibles temporalités émanant du présent de la représentation ; en rendant visibles les instances énonciatives dans *Le Groupe*, mettant à mal la notion de personnage ; en engageant chez Daniel Dobbels une réflexivité en abyme de la danse et de l'écriture qui s'interrogent l'une l'autre.

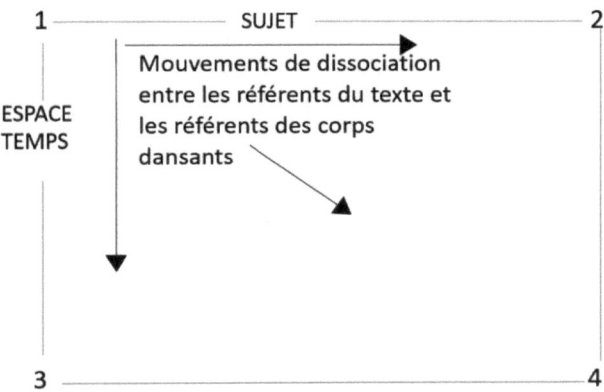

Schéma 1 : *promiscuité et éloignement des référents diégétiques du texte et de la danse*

Malgré la réduction que cela suppose, je propose de schématiser mon propos en faisant varier la promiscuité et l'éloignement des référents 'sujet' et 'espace-temps' au sein de la diégèse : le point 1 est celui où le sujet du texte semble être le même que le sujet qui danse, et le chemin vers le point 2 est celui qui les éloigne jusqu'à en faire deux référents distincts. Le même chemin s'accomplit de 1 vers 3 mais concerne les référents spatio-temporels. Ce schéma ne figure pas la relation entre diégèse et situation d'énonciation, mais il permet de proposer un premier classement des œuvres de littéradanse.

Le point 1 correspond à une transparence entre le sujet dansant et parlant, et les référents spatio-temporels auxquels réfèrent la danse et le texte. Il s'agit d'une énonciation théâtrale (sur le modèle de *Sad Sam Lucky* de Matija Ferlin, ou de la partie du « rituel » de *Museum of nothing*). Dans cette première configuration, on remarque que le texte et la gestuelle sont très liés.

Le point 2 est celui où les sujets diffèrent mais où les référents spatio-temporels restent les mêmes. La relation est celle de l'illustration réciproque ou du commentaire (sur le modèle de *Retour à Berratham* de Preljocaj).

Le point 3 fait varier les lieux et les temps mais sans dissocier le sujet parlant du danseur, créant un effet de distanciation par rapport à la diégèse (le modèle, bien que variant, serait celui du *Groupe* de Fanny de Chaillé).

Le point 4, où les paramètres sont tous distincts, est celui de l'abstraction, où la relation entre danse et texte va se jouer à un autre endroit que celui du référent (la chorégraphie s'en rapprochant le plus serait *Un son étrange* de Dobbels). Il s'agit du point de séparation et d'autonomie le plus intense entre texte et danse.

Dans chacune des pièces étudiées, les relations ne sont pas stables, mais présentent des variations et des tendances[1] :
Le Groupe oscille de 1 à 3, mais également de 3 vers 4, par exemple lors du solo sur le sujet de Christophe que j'ai commenté plus haut.
Museum of nothing trace une ligne diagonale de 1 à 4 durant la représentation : les référents diégétiques comme les instances dansantes et parlantes ont tendance à s'éloigner alors qu'ils entretiennent au tout début une relation de parfaite transparence.
La fille qui danse de Dobbels, ainsi qu'*Un son étrange* (qui s'est trouvé exclu de ma première partie), oscillent de 2 à 4.

---

[1] A propos de *Meublé sommairement* de Bagouet, Isabelle Ginot décrivait déjà cette relation dynamique entre le texte et la danse : « leur relation s'étire et se contracte entre l'illustration explicite et l'énigmatique le plus profond » GINOT Isabelle, *Bagouet. Un labyrinthe dansé*, *op. cit*, p. 223.

Enfin, il me reste à prendre du recul et à considérer ce qui a été commenté des chorégraphies de littéradanse en adoptant cette entrée déictique. La *deixis* est ce qui, dans le langage verbal et gestuel, sert, littéralement, à « montrer ». En étudiant les instances énonciatives et les espaces-temps de référence, j'ai cherché à comprendre vers quoi faisaient signe ces spectacles, ce qu'ils montrent : se montrent-ils eux-mêmes ? Montrent-ils un univers référentiel distinct de la situation d'énonciation ? Montrent-ils des interprètes, des personnages, des auteurs ? Nous le comprenons, cette réflexion, qui nous a permis d'avoir une première approche du croisement entre texte et danse, se situe au niveau du référent, et présuppose que ce que nous voyons sur scène « fait signe » vers une réalité, soit immanente, soit diégétique, mais, dans les deux cas, fonctionne bien comme un signe (et c'est en partie le cas). Cependant, nous avons dans le même temps pu constater que cette approche laisse dans l'ombre toute une partie de la rencontre : que se passe-t-il lorsque nous tendons vers le quatrième point du précédent schéma, celui où danse et parole ne se croisent plus sur le plan référentiel ? Pourquoi des parties entières des chorégraphies décrites, telles que le solo du sujet de Christophe dans *le Groupe* ou la dernière partie de *Museum*, semblent échapper à l'analyse, rendre insuffisantes les descriptions qui essaient de les saisir en termes de diégèse et d'univers référentiel ? Il semble y avoir un 'reste', un surplus, qui dépasse le signe. Lorsqu'on considère les chorégraphies de Daniel Dobbels, on s'aperçoit que ce 'reste' y est majeur, ce qui explique qu'on n'ait pu quasiment rien en dire, sauf peut-être de façon très générale, dans cette première partie, sinon que le texte et la danse se croisent de façon 'abstraite', ou, pourrait-on dire, difficilement 'compréhensible'.

Henri Meschonnic, dans *La Rime et la vie*, décrit la poésie comme « une figure de ce qui dans le langage échappe au sens »[1]. Or Alice Godfroy, dans l'ouvrage précédemment cité, soutient que la poésie et la danse se rejoignent à cet endroit qu'elle nomme « infralinguistique » et qui n'est pas celui du sens[2] : c'est cette caractéristique particulière de la poésie, dont parle Meschonnic, de déborder du 'sens', qui la rapprocherait de la danse. Il est donc temps de considérer dans nos chorégraphies ce qui déborde, échappe au sens aussi bien dans la partie dansée que dans la parole. Si les textes n'y sont pas génériquement des 'poésies', peut-être pourra-t-on trouver que leur prononciation dans des chorégraphies de littéradanse, justement, les 'poétise' rend sensible tout ce qui n'est pas signe dans le langage, ou mieux, comme le nomme Alice Godfroy, les « dansifie »[3]. Cette nouvelle approche nous entraînera vers des notions qui nous éloigneront des domaines de l'énonciation et de la narratologie, pour nous rapprocher des notions de rythme, de souffle, et de phrasés.

---

[1] MESCHONNIC Henri, *La Rime et la vie*, Gallimard, Paris, 2006 (première édition Verdier 1989), p. 245.

[2] GODFROY Alice, *Danse et poésie, Le pli du mouvement dans l'écriture*, op. cit. pp. 9-11.

[3] *Ibid*, troisième partie, pp. 221-320.

2 rythmes

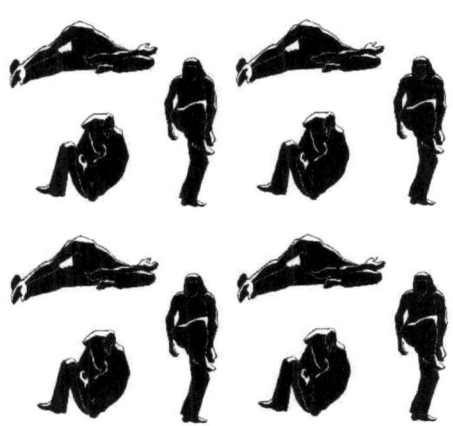

Faisant retour sur mon expérience de spectatrice, si je m'interroge sur ce qui, dans les quatre chorégraphies que j'étudie, m'a touchée au moment où je les ai découvertes, et me plaît lorsque je les revois, je m'aperçois, et peut-être plus encore après avoir écrit cette première partie, que mon intérêt ne tient pas à une construction narrative ; il ne s'agit pas du plaisir qui naît de l'illusion théâtrale transportant le spectateur dans un univers fictif auquel il croit le temps de la représentation. Même s'il est clair que les références diégétiques contribuent à la teinte de chaque spectacle, l'intérêt que j'y trouve est à un autre endroit, qui, intuitivement, se situerait plutôt dans la déconstruction du sens référentiel que dans sa construction ; l'illusion d'un univers référentiel stable créé par la danse et la parole, si habilement menée et virtuose soit-elle, m'a plutôt conduite à évoquer des phénomènes de redondance, qui, lorsqu'ils sont étendus à l'ensemble de la représentation, me paraissent lassants, ou naïfs. C'est donc d'un autre côté que je propose d'aller maintenant, quittant les chemins rassurants du signe qui offrent une impression de stabilité à l'analyste, non pour invalider ce que j'ai écrit sur la construction d'univers diégétiques, mais pour essayer de le compléter, et de l'inclure dans quelque chose qui serait davantage au fondement de l'esthétique chorégraphique, et qui relèverait de la matière même du signifiant gestuel et verbal. Mobilisant la notion de rythme, c'est cette physicalité que je voudrais approcher, afin de voir quel croisement se joue à cet endroit également entre la danse et les mots.

I. Rythme de la danse, rythme de la parole : un souffle commun ?

Les définitions des termes « rythme » et « phrase » que je voudrais mobiliser ici sont loin d'être fixées, et varient notamment en fonction des domaines dans lesquels ils sont employés. Étudier les croisements qui se jouent à ces niveaux dans un texte et une partition dansée demande de faire un point sur ce qu'ils désignent dans les domaines de la danse et de la littérature, ou de la linguistique, car il s'agit de texte prononcé, actualisé dans le présent d'une performance scénique. En outre, ce paysage lexical nous permettra de réfléchir à la composition de la matière signifiante que je propose d'étudier : qu'est-ce qui, dans la danse et dans les mots, fait rythme ? Et comment ces rythmes, s'ils sont composés de matières différentes, peuvent-ils se croiser de façon pertinente sous les yeux du spectateur ?

1. Paysage lexical : le rythme et la phrase dans la danse et la littérature

Émile Benveniste, dans son article « La notion de rythme »[1], a étudié l'évolution sémantique du mot rythme, et l'erreur étymologique qui s'y est attachée : depuis le début du XXème siècle, on fait remonter le terme au verbe grec ῥεῖν, « couler », qui a été associé au mouvement des flots, modèle du « rythme » naturel élargi aux comportements humains. Pourtant, ces notions sont très différentes car la marée ne « coule » pas. Or, en grec ancien, le mot ῥυθμό, avant la période attique, a d'abord signifié « forme proportionnée, disposition »[2], dans le sens d'une forme momentanée, improvisée, transitoire, « dans l'instant qu'elle est assumée par ce qui est mouvant ». Et c'est dans ce sens, « manière particulière de fluer », que le terme se rattache en réalité à son étymon ῥεῖν, « couler »[3]. C'est ensuite dans les textes de Platon que l'on trouve un infléchissement sémantique du terme vers notre notion moderne de rythme, et c'est à la « forme du mouvement que le corps humain accomplit dans la danse » et à la « disposition des figures en lesquelles ce mouvement se résout » qu'il est d'abord appliqué[4]. Or, chez Platon, cette forme est indissociable de la mesure musicale dans laquelle la danse s'accomplit pour créer une harmonie, et

---

[1] BENVENISTE Émile, « La notion de rythme dans son expression linguistique», *in* *Problèmes de linguistique générale I*, tel, Gallimard, Paris, 1966, chap. XXVI pp. 327-335.

[2] *Ibid.*, p. 332.

[3] *Ibid.*, p. 333.

[4] *Ibid.*, p. 334.

c'est cette acception qui a influencé l'emploi de rythme dans le sens d'une « configuration de mouvements ordonnés dans la durée »[1].

Ainsi, nous pouvons retenir que la notion de rythme est intimement liée à la danse, par sa première étymologie de forme mouvante. Mieux, c'est la danse qui, chez Platon, a permis le passage sémantique entre forme et rythme.

Jean-Claude Schmitt, dans une conférence donnée à l'Ecole du Louvre le 5 novembre 2015, au sujet de son ouvrage *L'Histoire des rythmes au Moyen Âge*[2], a souligné les enjeux de l'étendue de l'emploi du mot, qui, à l'époque médiévale, se cantonnait à un usage restreint, appliqué à la danse et à la musique, et s'est ensuite considérablement élargi, jusqu'à s'appliquer à des phénomènes aussi différents que le battement du cœur ou la circulation sur le périphérique. L'usage restreint s'accordait à une vision holistique de l'univers dans laquelle le rythme participait de l'harmonie. Son étendue progressive va de pair avec une séparation des domaines du rythme qui ne se correspondent plus, s'éloignant d'une vision cosmique du monde. En revanche, il en vient à toucher universellement tous les domaines et à les englober. Ainsi, selon Marcel Mauss, il est au centre de la définition des activités humaines[3].

Dans notre vocabulaire actuel, est-il alors légitime de considérer les différents « rythmes » comme un seul et même phénomène ?

Henri Meschonnic, dans sa *Critique du rythme*[4], dénonce les abus d'une telle assimilation fondée sur un idéal d'osmose entre la nature et

---

[1] *Ibid.*, p. 335.

[2] SCHMITT Jean-Claude, *Histoire des rythmes au Moyen Âge*, Gallimard, Paris, 2016.

[3] Selon Mauss, « l'homme est un animal rythmique ».

[4] MESCHONNIC Henri, *Critique du rythme*, Lagrasse, Verdier (2eme édition revue et corrigée), 1990.

l'homme véhiculé par l'erreur étymologique soulignée par Benveniste[1]. Il distingue le rythme du langage et celui de la musique, qui sont très largement assimilés dans les métaphores courantes, en particulier lorsqu'il s'agit de poésie ou de littérature. Le rythme dans le langage est l'organisation du discours, qui peut avoir plus de sens que la signification des mots eux-mêmes[2]. Il n'est pas le sens mais il est en interaction avec le sens[3]. A rebours, la musique n'est pas signifiante, et la puissance sémiotique qu'on lui attribue parfois ne résulte que d'une métaphore qui montre que notre perception de toute activité se fait par le truchement du langage (toute activité « a lieu dans le langage, et repasse par lui »[4]). Ainsi, la sémantisation de la musique et la musicalisation du discours appartiennent à un même mythe, antilinguistique, d'une signification hors du langage.

Meschonnic ne traite pas à proprement parler du rythme de la danse, mais de celui de la musique ; toutefois, la distinction qu'il fait entre rythme linguistique et rythme musical peut nous aider à saisir la distance qui existe entre le rythme de la parole et celui du mouvement dansé. En nuançant un peu la distinction très radicale que propose l'auteur entre les domaines du rythme, nous pouvons conserver cette différence de nature entre un rythme porteur de sens et le rythme du « faire », de l'action dansée, qui nous permettra de mieux saisir les enjeux de leurs rencontres. Aussi, si le rythme est composé de la matière particulière de chaque médium, pouvons-nous peut-être trouver des « terrains d'entente » entre le rythme linguistique et le rythme dansé, qui correspondraient à des matériaux communs, en vertu notamment du caractère gestuel et corporel de la prise de parole, dès lors qu'on considère le langage, non plus dans la simple abstraction du signe, mais dans sa corporéité et son procès dynamique

---

[1] *Ibid.*, pp. 133 et 149.

[2] *Ibid.*, p. 70.

[3] *Ibid.*, p. 82.

[4] *Ibid.*, p. 135.

de signification : il y aurait alors un même souffle à l'origine de la production des mots et des gestes dansés, une matière temporelle commune, et même une matière spatiale dans la mesure où le son de la voix peut, lors d'un spectacle, émaner de plusieurs endroits de la scène.

En outre, l'auteur de la *Critique du rythme* propose, au sujet du langage poétique, une distinction qui me semble pouvoir être opérante pour mon sujet : celle du rythme et du mètre. Alors que le rythme est cette organisation du langage impossible à mesurer, réinventée à chaque texte, et à chaque prise de parole, qui participe à son procès de signification, le mètre, utilisé en poésie, est l'organisation temporelle d'un énoncé en unités régulières et itératives (par exemple en pieds dans la poésie française, ou syllabes longues et brèves dans la poésie latine)[1].

Le rythme de la danse, à l'instar de celui du langage, se distingue de la mesure. La danse a longtemps été associée (voire même subordonnée) à la musique, créant une assimilation entre son rythme et le tempo d'une musique : il s'agirait d'inscrire, temporellement, des séries de mouvements dans le temps de la mesure, de faire correspondre des accents toniques. Aussi, les partitions de danse sont conçues comme des partitions musicales. Sur les partitions Feuillet et même Laban, une mesure musicale figure l'inscription temporelle du mouvement décrit. Même si nous ne pouvons pas en déduire que la danse suit nécessairement la mesure, nous pouvons constater que les deux ont été pensées ensemble. Remontant dans le temps, nous pouvons déjà trouver cette assimilation de la danse et de la mesure chez Platon, qui, parce que la danse et la musique devaient s'inscrire dans une harmonie cosmique, concevait d'emblée leur forme dans une organisation temporelle préexistante et mesurée.

Or, de nombreuses expériences au XXème et au XXIème siècles ont montré que la danse pouvait tout à fait s'émanciper de la musique, soit qu'elle

---

[1] *Ibid.*, p. 224.

se fasse elle-même musique « muette », en montrant des mouvements rythmés par des accents dans le silence, soit en se détachant totalement de la mesure : dans des chorégraphies comme celles de Jérôme Bel ou Latifa Laâbissi, pour ne citer que deux exemples, de nombreux passages échappent totalement à la notion de mesure, se déployant dans le temps au gré de la temporalité propre à chaque mouvement. A la suite de Dalcroze, Laurence Louppe écrit dans sa *Poétique de la danse contemporaine* : » le rythme, ne l'oublions pas, n'est pas (…) le retour régulier (ou irrégulier) d'un marquage périodique. Autrement dit, le rythme n'est pas la mesure, ni même la métrique. Il en est, à bien des égards, l'opposé. Le rythme implique une transformation profonde de la matière, une perturbation dynamique des substances et des énergies »[1]. Comme pour le langage, nous pouvons donc distinguer le rythme de la danse de celui de la mesure qui l'inscrirait dans une temporalité itérative. Le rythme de la danse est alors tout ce qui organise, au fur et à mesure qu'il se produit, le mouvement : il se joue à tous les niveaux de l'énergie, soit, si on suit Laban dans *La Maîtrise du mouvement*, au niveau du poids (de la quantité d'énergie mise dans le mouvement), au niveau du temps, de l'espace et du flux[2]. Il est fait de ruptures et de continuités dans les changements d'énergie. Armando Menicacci, dans l'article « rythme » du *Dictionnaire de la danse*, évoque la lignée de Witold Rudzinski et d'Ernst Kurth qui ont donné une lecture énergétique du rythme « relevant de la collision dialectique entre deux tendances : la continuation et le renouveau du mouvement (tendance cinétique) et l'arrêt du mouvement (tendance inertielle) »[3].

---

[1] LOUPPE Laurence, *Poétique de la danse contemporaine*, op. cit., p. 158. L'auteur se réfère à Dalcroze : « Le rythme, la musique et l'éducation », trad. fr, Neufchatel, La Baconnière, 1984.

[2] LABAN Rudolf, *La Maîtrise du mouvement*, op. cit., pp. 178-183.

[3] MENICACCI Armando, « Rythme », in LE MOAL Philippe dir., *Dictionnaire de la danse*, Larousse, Paris, 2008, p. 799.

S'accordant à une étymologie pré-platonicienne de ῥΥvθμό, le rythme dans la danse contemporaine peut donc se définir comme une structure en action, une « certaine façon de fluer », qui s'engendre au fur et à mesure de l'accomplissement des gestes, et auxquels participent les ruptures et les continuités. Il n'est pas prévisible au sens où une structure itérative le serait, mais on peut cependant repérer au sein d'une œuvre, ou même d'une école ou d'un style, des attentes rythmiques qui correspondraient à une série de possibles, dans laquelle la danse s'inscrit ou non pour combler ou décevoir les attentes du spectateur.

Cette allusion au spectateur nous entraîne sur le terrain du sujet : qui crée le rythme ? Sans m'accorder avec son point de vue holistique (qui tente de ramener tout fonctionnement rythmique à une harmonie cosmique) ni surtout à ses conclusions qui me semblent par endroits évolutionnistes, je citerais l'ouvrage d'Anne-Claire Désesquelles, *Au rythme de la vie*, car elle a montré que le rythme, procédant d'une projection vers le futur de données mémorielles, n'était pas contenu dans les choses mais plutôt projeté par le sujet regardant. Dans le dictionnaire de la danse, Armando Menicacci cite Hugo Riemann pour qui l'élément central du rythme est le rôle unificateur de la perception. En danse, cela ne signifie pas que le chorégraphe ne rythme pas la danse qu'il compose ; mais cela peut signifier qu'au moment de la représentation, le sujet rythmant comprend bien le spectateur[1].

---

[1] *Ibidem* et DESESQUELLES Anne-Claire, *Au rythme de la vie*, Ovadia, Nice, 2008.

2. Phrases, phrasés

Or, le rythme du langage, comme celui de la danse, s'il ne s'organise pas nécessairement en mètre ou en mesure, peut trouver une unité plus souple, qui n'est pas inscrite dans un temps fixé d'avance mais qui se déploie selon sa temporalité propre, intimement liée, lorsqu'il s'agit de langage oral, au souffle : celle de la phrase. Comme pour le rythme, Meschonnic distingue les acceptions musicales et linguistiques de phrase et de phrasé[1]. Le phrasé dansé étant au départ inspiré de celui de la musique, nous devons commencer par considérer l'emploi de ces termes dans les domaines de la langue, de la musique, et de la danse.

Selon le dictionnaire du CNRTL[2], en musique, le phrasé est une « manière de disposer, de couper les phrases musicales », et la phrase, la « partie d'une ligne mélodique ou d'une idée musicale naturellement délimitée, significative du point de vue de la déclamation, de l'articulation et de la respiration (...). Le terme de *phrase* est (...) intimement lié au rythme de la respiration et au phrasé. Il se définit surtout à partir de la déclamation et de l'exécution avec lesquelles il constitue un tout naturel ». On remarque dans cette définition la sémantisation de la musique que critiquait Meschonnic. Appliqué à la musique, le mot « phrase » semble donc une métaphore linguistique. Or, au sens courant, la phrase linguistique est un « assemblage de mots, grammaticalement cohérent, marqué par une intonation ou une mélodie spécifique » : le terme mélodie nous renvoie ici à la musique, comme si ces deux domaines se référaient constamment l'un à l'autre, par un jeu de métaphores réciproques.

---

[1] MESCHONNIC Henri, *Critique du rythme*, op. cit., p. 131.

[2] Centre national des ressources textuelles et lexicales, créé en 2005 par le CNRS, et consultable en ligne : http://www.cnrtl.fr/.

Dans le domaine plus spécialisé de la linguistique, il y a un désaccord pour savoir si la phrase relève du domaine de la parole (comme l'emploie Saussure dans le *Cours de linguistique générale* : « La phrase est le type par excellence du syntagme. Mais elle appartient à la parole, non à la langue »[1]) ou d'une compétence abstraite dont l'actualisation serait l'énoncé, comme c'est le cas en linguistique générative : « J'entendrai par phrase (...) une entité linguistique abstraite, purement théorique, en l'occurrence un ensemble de mots combinés selon les règles de la syntaxe, ensemble pris hors de toute situation de discours, ce que produit un locuteur, ce qu'entend un auditeur, ce n'est donc pas une phrase, mais un *énoncé* particulier d'une phrase »[2]. Cette dernière distinction entre phrase et énoncé n'étant pas opérante pour mon analyse, qui portera sur des textes prononcés à l'oral dans des représentations scéniques, je propose de m'en tenir à une définition plus courante où la phrase se trouverait bien dans le domaine du discours en acte (à ce titre elle constituerait plutôt une unité dans un énoncé aussi bien que dans la chaîne du langage).

Chez Benveniste, la phrase est définie comme un fragment du discours, qui porte à la fois sens et référence : « La phrase, création indéfinie, variété sans limite, est la vie même du langage en action »[3]. Cette définition est celle qui nous permet le mieux d'associer la phrase à la définition que nous avons retenue du rythme : en tant qu'unité du discours, elle le structure rythmiquement et chaque phrase possède un rythme qui lui est propre. En outre, elle se compose non seulement des mots (ou lexèmes, unités signifiantes selon Benveniste) et de leur organisation syntaxique, mais aussi de tout ce qui fonde la réalité d'une manifestation linguistique : les intonations, les pauses, les accents, etc.

---

[1] SAUSSURE (de) Ferdinand, *Cours de linguistique générale*, 1916, p. 172.

[2] DUCROT Oswald, *Les Mots du discours*, Paris, Minuit, 1980, p. 7.

[3] BENVENISTE Émile, *Problèmes de linguistique générale I, op.cit.*, chap. X : « Les niveaux de l'analyse linguistique », pp. 119-131.

Dans le domaine de la danse, Laurence Louppe a appuyé ses analyses du mouvement sur cette notion de phrase. Pour cette auteure, traditionnellement, la chorégraphie fonctionne par phrases comme la musique et le texte. Elle évoque les synesthésies que cette homonymie a pu créer, comme chez Proust avec la « petite phrase de Vinteuil »[1]. Comme nous l'avons mentionné plus haut à propos du rythme, il faut attendre le début du XXème siècle pour que la danse élabore ses unités énonciatives propres en se détachant de la musique. Elle montre que les unités chorégraphiques « tiennent à leur ponctuation, la mouvance des césures, des hiatus, aux textures corporelles tendues ou relâchées qui assurent les modulations de transfert de poids, possibilité de réitération et de variabilités »[2]. Plusieurs termes sont empruntés métaphoriquement à la littérature (« ponctuation », « césure », « hiatus ») pour décrire la danse, montrant la parenté que Laurence Louppe établit entre phrase linguistique et phrase dansée. Dans son livre *Poétique de la danse contemporaine*, l'acception de « phrase » est plus flottante et peut varier : Louppe définit la phrase comme faisant « l'unité sur quoi fonctionne le phrasé », et s'interroge : « n'est-elle pas, comme la cellule emblématique de tout récit, avec les distributions dynamiques, qui formeraient autant de 'péripéties' coulant le texte

---

[1] Marcel Proust, dans *Du côté de chez Swann*, évoque une mélodie jouée au piano chez les Verdurin par le pianiste Vinteuil, et qui hante Swann car elle s'associe à son amour pour Odette: « quelques minutes à peine après que le petit pianiste avait commencé de jouer chez Mme Verdurin, tout d'un coup, après une note haute longuement tenue pendant deux mesures, il vit approcher, s'échappant de sous cette sonorité prolongée et tendue comme un rideau sonore pour cacher le mystère de son incubation, il reconnut, secrète, bruissante et divisée, la phrase aérienne et odorante qu'il aimait ». Dans ce passage, la synesthésie s'exprime clairement à travers les adjectifs qui évoquent une matérialité et une odeur associées à la musique. On peut aussi y reconnaître le chiasme inter-sensoriel évoqué par Michel Bernard. PROUST Marcel, *Du côté de chez Swann*, Gallimard, Paris, 1913, p. 211 et BERNARD Michel, « Sens et fiction, ou les effets étranges de trois chiasmes sensoriels », *op. cit.*

[2] LOUPPE Laurence, « Écriture littéraire, écriture chorégraphique au XXème siècle : une double révolution. » *op. cit.*

chorégraphique dans un 'syntagme' et faisant de toute durée une fiction articulée ? »[1]. On ne peut que constater que l'analyse du mouvement par phrases se fait par analogie à une phrase linguistique, qui serait plutôt celle que décrit Benveniste comme unité du discours. Cependant, dans ce même ouvrage, Laurence Louppe assimile la phrase dansée à une phrase musicale, et plus particulièrement en ce qu'elle semble s'inscrire dans un temps mesuré, par opposition à des chorégraphies « sans phrasé » qui distribueraient les mouvements dans « un flux d'énergie étale »[2]. Se passer de musique serait se passer « d'un phrasé suggéré de l'extérieur », ce qui sous-entend que la danse sans musique garde les qualités de la mesure, mais de celle d'une musique intérieure[3]. A un autre endroit, Louppe souligne que la notion de « phrasé » a été remise en question par les avant-gardes à cause de sa trop grande promiscuité avec la musique[4]. On le voit, la définition de ce qu'est une phrase et un phrasé chorégraphique reste flottante et analogique, tantôt au langage, tantôt à la musique, sans se fixer clairement. Ainsi, dans l'ouvrage d'Anne-Claire Désesquelles, qui prend pour présupposé l'équivalence entre rythme musical, dansé, linguistique, cosmique, et passe de l'un à l'autre, on trouve une définition holistique de la phrase qui se compose de répétitions, d'alternances et d'accents[5]. Ce terme d'accent est également invoqué par Laurence Louppe, qui ne l'associe pas nécessairement directement à la phrase, mais le définit comme une intervention du sujet dans la durée temporelle, en précisant qu'il est corporel avant d'être musical. Cette notion d'accentuation et son domaine d'application (se limite-t-il ou non à la phrase?) sont également un peu flous.

---

[1] LOUPPE Laurence, *Poétique de la danse contemporaine*, op. cit., p. 151.

[2] *Ibid.*, p. 151 (Louppe évoque notamment *Trio A* d'Yvonne Rainer).

[3] *Ibid.*, p. 148, mais également p. 160 : « Aujourd'hui (…) le danseur ne recherche pas la musique au-delà de son geste, mais dans son geste même ».

[4] *Ibid.*, p. 150.

[5] DESESQUELLES Anne-Claire, *Au rythme de la vie*, op. cit., p. 80.

Il faut se tourner vers les études de l'effort menées dans la continuité de Rudolf Laban, et plus particulièrement vers les travaux d'Angela Loureiro, pour trouver des définitions plus précises des notions de phrases et de phrasés, qui s'appuient non pas sur des métaphores linguistiques et musicales mais sur la matière même de la danse, l'*effort*[1]. Ainsi la phrase se trouve-t-elle définie par « des combinaisons d'éléments d'effort qui se structurent entre eux et dans le temps de manière variée, produisant des rythmes particuliers et souvent très personnels », le rythme résultant dans cette perspective « des variations et alternances entre différentes configurations d'éléments dynamiques »[2]. Notons qu'une telle définition nous rapproche de celle du phrasé que Laurence Louppe donnait également lorsqu'elle le définissait comme l'un des éléments qui nous touchent dans l'organisation du temps, relevant de la distribution du poids de l'énergie des forces dynamiques et du temps[3]. Chez Loureiro, le phrasé est « une mise en séquence des qualités du mouvement produisant une intensité qui lui est particulière, une mise en relation (*patterning*) de différentes énergies qui produit différentes manières d'exécuter le mouvement »[4], et elle définit, à la suite de Vera Maletic, huit catégories de phrasés qui peuvent se combiner entre eux de trois façons : consécutive, concurrente ou par superposition[5].

S'il est pertinent de parler de phrases en danse, comme il peut être intuitif de le faire, il semble difficile d'en circonscrire une définition. Il n'est pas anodin de remarquer que le dictionnaire de la danse ne

---

[1] LOUREIRO Angela, *Effort, l'alternance dynamique dans le mouvement*, Ressouvenances, *op. cit.*

[2] *Ibid.*, p. 95.

[3] LOUPPE Laurence, *Poétique de la danse contemporaine*, *op. cit.*, p. 146.

[4] LOUREIRO Angela, *Effort, l'alternance dynamique dans le mouvement*, *op. cit.*, p. 96.

[5] *Ibid.*, p. 108.

possède pas d'entrée « phrase » ni « phrasé »[1]. Nous retiendrons donc pour le moment l'idée d'une phrase définie par les qualités d'effort du mouvement, et déclinée en différents phrasés.

La notion de comptes peut également être pertinente pour appréhender l'organisation d'une phrase de mouvement : même si les comptes ne sont pas toujours sensibles dans le résultat final, ils ont souvent au cours de la composition une fonction de transmission (pour délimiter l'étendue relative des gestes dans le temps) et une fonction mémorielle (pour retenir la chorégraphie). Les comptes ne sont pas toujours réguliers : aux huit comptes traditionnels des cours de danse classique, s'opposent des comptes plus libres qui n'entrent pas nécessairement dans une mesure. On peut imaginer une phrase de trois comptes succédant à une phrase de neuf comptes. Parfois même, chez certains chorégraphes, les comptes ne sont pas d'égale durée dans le temps, on peut voir alterner des suspensions et des accélérations. Ils délimitent alors plutôt un nombre de gestes dans une phrase. Ces comptes, en littérature, nous font penser aux comptes des syllabes en poésie, qui définissent non pas la phrase mais le vers, les vers réguliers se composant d'un nombre de syllabes mesuré, et les vers libres d'un nombre de syllabes arbitraire. Cependant, les pièces de mon corpus se dansant sur des textes en prose, je ne pousserai pas plus loin cette analogie. Je pourrai, lors de mes analyses, me servir de cette notion de comptes lorsque ceux-ci sont rendus sensibles par des accents suffisamment clairs.

Bien que les différents passages métaphoriques de la phrase linguistique à la phrase musicale et de la phrase linguistique et musicale à la phrase chorégraphique ne nous donnent pas le droit de les considérer comme une seule et même réalité, nous pouvons enfin dire que l'usage d'un même terme ne s'est pas étendu sans raison à une réalité plus vaste. Parler de phrase à propos d'une unité chorégraphique procède du besoin de définir, par analogie au langage, des unités dans le

---

[1] LE MOAL Philippe dir., *Dictionnaire de la danse*, op. cit.

magma du mouvement, comme nous isolons des phonèmes dans le magma sonore du langage ; activité que partagent les chorégraphes, les spectateurs de danse, les danseurs. Ainsi la polysémie du terme ne nous fera pas présumer d'une similitude de nature entre le contenu dansé ou parlé des phrases, mais nous permet de comprendre la phrase comme une unité rythmique dans le domaine du langage comme de la danse. Ainsi, il semble légitime de voir comment, dans une chorégraphie qui associe parole et danse, les phrases se juxtaposent, et quels peuvent être les enjeux poétiques de leur juxtaposition[1]. En revanche, une telle étude nous demande de distinguer clairement, pour ne pas les confondre, les matières dont se composent la danse et la parole : la première se compose de l'inscription du corps dans l'espace et le temps et de qualités d'effort ; la seconde de phonèmes (sons discriminants dont l'association produit du sens), d'intonations, d'intensité de voix.

Cependant, il semble, au croisement de la danse et de la parole, exister un point de rencontre, une matière commune suffisamment importante pour être thématisée dans plusieurs chorégraphies de littéradanse : il s'agit du souffle.

3.   Rendre le souffle sensible : l'exemple de *Museum of nothing*

Dans la parole, le souffle rendu sensible opacifie le signe : il donne à entendre la matérialité de la voix dans la réalisation du langage.

---

[1] Je reviens plus loin, à propos du rythme de la prose, sur cette notion de phrase appliquée à la danse, en proposant d'en stabiliser une définition pour les besoins de mes analyses.

Museum of nothing est celle des chorégraphies de mon corpus qui thématise le plus explicitement le souffle. Dès le début du spectacle, Jonah crie pour imiter la sirène d'un rassemblement public et Antoine, utilisant un faux porte-voix, énonce le titre de la pièce, « museum of nothing », d'abord très vite puis de plus en plus lentement. Dans cette phrase, la parole ne fonctionne pas comme un signe dont les phonèmes renverraient à un référent : ce qu'il s'agit de montrer, c'est la qualité sensible de l'effort de parler, dans un phrasé décroissant. La parole est comme une matière, un souffle, celui-là même qui organise le mouvement dansé. En revanche, si les mots ne font pas sens, la qualité de leur prononciation fait référence, de façon plus floue, plus ténue, à autre chose : une annonce désuète sur un tourne-disque qui s'arrête progressivement, entre autres choses.

Dans la partie de la fontaine évoquée plus haut, les deux interprètes se font face, Jonah souffle dans l'eau d'un saladier, rendant audible et visible sa respiration, puis il relève le buste pour inspirer. Ce mouvement fonctionne comme autant de phrases muettes, dépourvues de phonèmes, se superposant à celles d'Antoine, qui dit le texte, à genoux juste en face du chorégraphe. Le souffle est ici clairement l'unité commune au geste (il rythme les mouvements de buste de Jonah) et à la parole. Un peu plus loin, le chorégraphe-danseur exécute une série de postures qui rappellent un sport de combat. A chaque nouvelle pose, il s'immobilise et expire bruyamment. Pendant cette danse Antoine récite son texte, et, à un moment donné, subrepticement, Jonah reprend au cours d'une de ses expirations un mot d'Antoine, comme s'il y avait entre le sujet dansant et le sujet parlant une vraie communauté de souffle.

En rendant sensible la respiration, c'est donc bien le dénominateur commun de la danse et de la parole que montre la chorégraphie, l'endroit de leur rencontre, qui, dans ce cas précis, s'inscrit dans celle proposée par *Concordan(s)e* entre un écrivain et un chorégraphe, et que thématise la pièce.

Plusieurs spectacles chorégraphiques jouent de cette ambiguïté entre le souffle de la danse et celui de la parole. Ainsi, à propos de *May*

B de Maguy Marin, Stefano Genetti écrit que la chorégraphe « réduit la quasi- totalité des textes initialement prévus à des borborygmes reproduisant l'effort physique de l'articulation verbale »[1]. De même, dans *Le Groupe*, lorsque Christophe reprend la parole après avoir dansé, il est essoufflé et on entend l'écart entre la respiration de la danse et celle de la parole, qui semblent incompatibles. D'ailleurs, à ce moment, il perd le fil de son texte, et ce sont les autres, qui justement, le lui « soufflent », remplissant d'un souffle signifiant le sien devenu vide. Mais, comme la danse, ce souffle même fait sens pour les spectateurs, tout « vide » de phonèmes qu'il soit : sens vers l'oubli, la perte des mots, l'impossibilité de dire. On peut également penser aux pièces de Pina Bausch où il arrive qu'un mouvement soit ponctué d'un mot isolé. La littéradanse s'inscrit donc dans toute une tradition de parole dans la danse, qui rend audible et signifiante la respiration accompagnant le mouvement, en la teintant de phonèmes linguistiques plus ou moins reconnaissables. Ces remarques nous incitent à être sensibles, dans l'analyse du croisement des phrases de mouvements et des phrases linguistiques, à cet endroit du souffle, si difficile à percevoir à travers le médium de la vidéo, mais qui est au fondement de la physicalité commune entre danser et parler.

Après ce parcours lexical, nous pouvons considérer la littéradanse comme ce point où s'accordent et se confrontent deux rythmes, celui de la danse et celui d'une parole (dans le sens de la réalisation effective, sur la scène, d'un texte). Lorsque cette parole est organisée métriquement, elle est soumise à un tempo qui peut la rapprocher de la mesure musicale. Lorsque le texte est en prose, le rythme est celui de la construction de son sens, et se module au gré de la syntaxe, des mots,

---

[1] GENETTI Stefano, « Projections chorégraphiques beckettiennes : pour un corpus en danse », *op. cit.*, p.5.

des sons, des timbres de la voix, des accents, des pauses, des silences... en ruptures et en continuités. De même, le mouvement dansé peut être organisé selon une mesure, ou se déployer selon un rythme non régulier et donc imprévisible, telle cette forme « dans l'instant qu'elle est assumée par ce qui est mouvant » qui est à l'origine de la notion de rythme. L'unité de rythme commun à la danse et à la parole n'est donc pas nécessairement la mesure, mais la phrase, au sens où l'entendent Émile Benveniste et Angela Loureiro d'une unité organisationnelle dans la chorégraphie ou le discours, délimitée par des variations dans la matière qui la constitue, qu'il s'agisse de mouvements ou de mots, avec pour point commun le souffle qui participe de sa composition dans les deux cas.

II. Les entrelacs rythmiques du texte et de la danse dans les deux chorégraphies de Dobbels

Les deux solos de Dobbels La *fille qui danse* et *Un son étrange* forment un diptyque. Ils sont construits de la même manière : un danseur seul sur scène commence à danser. Puis on entend un texte, et, à la fin, la danse déborde encore une fois le texte et s'achève, dans *La fille qui danse,* en musique.
La fille qui danse est une chorégraphie qui peut jouer sur les différenciations rythmiques (saccades, accélérations, ralentissements) mais qui se caractérise par sa fluidité, l'aisance qu'on ressent dans le mouvement. En termes labaniens, on pourrait dire que la qualité dynamique de l'effort joue sur le flux, qui tend la plupart du temps vers le condensé mais alterne avec quelques passages de flux plus libres, les variations de temps qui passe du soutenu au soudain, le poids, qui est dans l'ensemble plutôt fort, mais beaucoup moins sur l'espace, qui me semble une composante présente mais mineure[1]. Dans *Un son étrange*, l'attention donnée au poids est primordiale : le poids fort donne l'impression d'une entrave constante aux mouvements. Les variations de flux sont plus intenses : on passe brusquement de l'immobilité à la chute, entraînant, mais comme en écho, des variations temporelles.
La lecture du texte d'Artaud est plus sensiblement 'théâtralisée' que celle du premier solo : Alain Cuny distingue les syllabes longues et brèves, accentue les temps forts, les pauses, le timbre de la voix est travaillé, ainsi que l'intensité qui peut varier énormément au cours de la performance, jusqu'à se faire cri. Le style même d'Artaud est différent, rythmiquement, de celui de Fleischer : il y a plus d'effets

---

[1] Voir le vocabulaire de l'effort en fin d'ouvrage.

syntaxiques de mise en exergue, des périodes, des ruptures syntaxiques.

La danse composée par Dobbels, dans les deux solos, fait émerger des formes étranges par des effets de torsions des parties du corps, accentués par un éclairage faible. Souvent, les mouvements sont dissociés, ils prennent naissance dans une partie du corps mais s'enchaînent et se répercutent dans les autres segments, engendrant des déplacements dans l'espace. Parfois, une partie du corps bouge alors que les autres restent immobiles, donnant l'impression d'une autonomie.

On sent donc dans ces deux chorégraphies des partis pris similaires mais tirés vers des nuances différentes : alors que dans *La fille qui danse,* les qualités de mouvements sont au service d'une certaine fluidité (« sans acmé, avec peu d'accentuations », pour reprendre les termes que Laurence Louppe appliquait à une chorégraphie de Trisha Brown[1]), dans *Un son étrange,* la chorégraphie de Dobbels est tout en tension. Les mouvements sont convulsifs, leur temporalité est souvent saccadée ou heurtée. Les dissociations sont ressenties de façon plus violente à la manière de dislocations, car le phrasé est moins fluide. L'énergie est celle de la chute, du tremblement, du spasme. Le rythme est celui de la rupture, de la brusque accélération, de l'arrêt soudain.

Je donnerais, pour exemple de la différence entre ces deux chorégraphies, celui d'un même geste qui est effectué de deux façons différentes : à la fin de *La fille qui danse*, Carole Quettier effectue un rapide mouvement de rotation du bras autour de l'axe de l'épaule. Ce mouvement est régulier et son élan est contrôlé. Sa circularité, très rapide, imprime un rythme constant à la danse et au texte. Il n'est pas altéré par les déplacements dans l'espace de la danseuse qui effectue un

---

[1] LOUPPE Laurence, *Poétique de la danse contemporaine*, p. 236. La citation est un peu trop radicale pour qualifier la chorégraphie *La fille qui danse*, mais elle prend son sens pour montrer la différence que je ressens entre cette chorégraphie et *Un son étrange*.

trajet sur la scène et se baisse progressivement : la temporalité est rendue neutre par une légère condensation du flux. Dans *Un son étrange* il y a ce même mouvement de bras, mais cette fois irrégulier : le chemin vers le haut est plus lent que celui du haut vers le bas ce qui rend sensible la tension musculaire qu'il faut pour soulever le bras, et, au contraire, l'effet de chute du poids qui se laisse aller aux forces de la gravité sans retenue : le flux subit des alternances, le temps se fait irrégulier et le poids fort devient très sensible. Dans un cas, le phrasé est régulier, alors que dans le second, il est, selon la terminologie de Loureiro, résilient[1]. Le premier mouvement est donc fluide et régulier quand le second est perçu comme plus laborieux. Ces deux états de corps sont représentatifs de l'opposition qu'on ressent entre deux chorégraphies, qui pourtant présentent de nombreuses similitudes structurelles et jouent sur les mêmes formes corporelles.

1. Effets de structure

Le rythme est, à un niveau global, donné par les effets de structure qui impriment dans la danse et dans le texte une temporalité (le découpage d'une chorégraphie en « parties » est par exemple un effet de structure, comme nous le verrons plus loin à propos des deux autres chorégraphies).

Dans les pièces de Dobbels, il n'y a pas d'effet de composition apparent (pas de parties ni de tableaux) mais plutôt des effets de structure induits par la reprise de moments ou d'énergies similaires

---

[1] Voir LOUREIRO Angela, *op. cit.*, p. 105.

(mais pas identiques). Dans *La fille qui danse*, la première séquence est composée d'une diagonale de trois tours qui se suspend dans une hésitation avant de rebrousser chemin, d'une inclinaison latérale du buste de profil, puis d'un passage au sol, d'abord à genoux, puis assise, les jambes ouvertes à la seconde, gauche pliée et droite tendue, et enfin d'un déplacement de cette dernière position vers l'avant, d'abord sous l'impulsion du pied droit puis par la poussée des deux mains sur le sol, derrière les fesses.

Cette séquence est reprise en miroir à la fin de la chorégraphie (les mouvements sont les mêmes, mais l'orientation est inversée), produisant un effet cyclique.

Trois fois, on voit réapparaître au cours du solo une diagonale de tours similaire. Les points communs qui suffisent à donner une sensation itérative sont le nombre de tours (trois), l'orientation du trajet dans l'espace scénique (des diagonales), et la façon particulière d'effectuer les tours, où l'impulsion semble donnée par une moitié du corps pendant que l'autre suit et se pose là où elle se trouve, entraînant des appuis en dedans : le tour s'effectue autour de l'axe de la tête de fémur, sur une jambe fixe, et non par rotation du pied sur le sol.

Les phrases chorégraphiques elles-mêmes sont souvent construites par itération, formées de séries de mouvements qui se déplacent et se transforment.

Comme la danse, le texte d'Alain Fleischer n'a pas à proprement parler de structure discernable mais s'organise autour de récurrences : celle du commentaire de la situation d'énonciation qui à chaque fois est repris, comme le point de départ d'un élan : « le texte que je lis », « je me vois donc lisant ce texte », « le texte que je lis ». A la fin, le syntagme « c'est une situation singulière » est repris avant que le narrateur-lecteur n'annonce son départ et l'avènement du silence.

Les mots « une fille qui danse », qui ont donné son titre à la chorégraphie, sont également répétés plusieurs fois, comme un aboutissement des pensées digressives. Cette répétition produit un effet de clôture, alors que les évocations du texte dans le texte produisent plutôt un effet d'élan, de commencement.

Ces reprises sont comme des points de repère dans une chorégraphie et un texte mystérieux qui n'en offrent que peu, car, comme la forme décrite au fil du texte, « une forme qui se déforme sans cesse », ils fluctuent, donnant l'impression qu'on ne peut circonscrire précisément l'univers qu'ils créent.

Dans *Un son étrange*, une structure thématique est donnée par le texte d'Artaud, qui traite successivement des tableaux de Van Gogh et de sa conception de l'art par rapport au réel, avec notamment une longue description commentée de son dernier tableau, *Les Corbeaux*, et une autre plus courte *de La chaise de Gauguin*; puis d'une accusation portée contre le docteur Gachet et Théo d'avoir poussé Van Gogh au suicide, qui inclut une diatribe virulente contre la psychiatrie opposée à l'art, des considérations sur le génie de Van Gogh et son envoûtement, des allusions à ses autoportraits.

La danse qui accompagne ce texte est continue et les effets itératifs sont plus discrets que dans *La fille qui danse* (sauf les répétitions en série qui forment des phrases). Toutefois, on voit revenir des énergies comparables comme celle de la frappe : à huit reprises, le danseur frappe de ses poings une autre partie de son corps. On peut aussi noter le retour, à l'extrême fin de la chorégraphie, d'une position de mains du début, doigts serrés sur les pouces, qui évoquaient les corbeaux du dernier tableau de Van Gogh.

Dans aucune des deux chorégraphies les rythmes structurels de la danse et du texte ne se superposent : le texte commence après la danse, comme en décalage, alors que Carole Quettier est en train de s'asseoir et qu'Adrien Dantou vient de s'avancer face au public, en se tenant le coude gauche. Les répétitions du texte ne correspondent pas à celles de la danse dans *La fille qui danse*. On pourrait même dire que le temps délimité par le texte n'est pas le même que celui de la danse : dans le premier, c'est un temps linéaire, qui s'achève avec le départ du narrateur-lecteur qui se tait et s'en va. Alors que la danse, elle, montre une temporalité cyclique où la fin est une reprise du début, qui ne peut s'interrompre que par l'extinction de la lumière et le brusque silence de la musique. De même, malgré la structure relativement marquée du texte d'Artaud, la danse ne suit pas ce découpage thématique. Cependant, dans cette seconde pièce, danse et texte s'achèvent ensemble : les bras inertes d'Adrien Dantou retombent sur le sol, la voix se tait, la lumière s'éteint. De plus, chaque mention du mot « mort » est accompagnée d'une chute, ce qui a également un effet structurant.

2.   Phrases

Délimiter les phrases dansées peut sembler très simple en théorie, une fois posé le principe selon lequel une phrase de mouvement se reconnaît par un changement dans la qualité de l'effort. Cependant, devant une chorégraphie, et en particulier une chorégraphie de Daniel Dobbels, les phrases ne sont pas aisées à définir, car les changements d'énergie sont parfois très subtils, et il appartient à la subjectivité de l'analyste de déterminer à quel moment on considère qu'un changement suffisamment important est intervenu pour motiver un changement de phrase. Sans nous préoccuper pour le moment de la parole qui l'accompagne, considérons cette séquence d'*Un son étrange*. Les qualités de phrasé, comme celles de l'effort, sont exprimées dans les termes que l'on trouve chez Angela Loureiro.

> (1) Les deux mains en l'air, Adrien Dantou, par à-coups, imprime de la main droite une forme à sa main gauche, et vice versa. Le phrasé est accentué et les accents sont donnés par un temps soudain, un flux libre et un poids fort.

(2) Les deux mains symétriques au-dessus de la tête se frappent, doigts repliés. Le phrasé et les qualités d'accent sont les mêmes, avec un renforcement de l'accent, qui, à cause du choc des deux mains, est beaucoup plus marqué.

(3) Pendant ce temps, à partir de la troisième frappe, les coudes se replient jusqu'à ce que les deux mains passent derrière la tête. Le phrasé est régulier, avec le maintien d'un temps soutenu et d'un espace direct.

(4) Une petite inspiration, presque de l'ordre du pré-mouvement, ouvre les coudes et redresse la nuque.

(5) Le buste pivote en torsion vers la droite jusqu'à entraîner le pied droit qui fait un pas. Le phrasé est régulier mais on peut considérer le pas final comme un accent, un achèvement du mouvement soutenu de torsion par un temps soudain et un poids fort.

(6) Le danseur marche en tournant légèrement, sans direction précise. Le phrasé est résilient, l'aspect de la marche est pesant car le moment où les pieds tombent sur le sol avec un poids fort est largement privilégié par rapport aux brefs moments plus légers qui permettent le transfert de poids du corps et semblent laborieux.

(7) Pendant ce temps, les mains jointes derrière la nuque alternent des petits à-coups sur la tête, dans un phrasé qu'on pourrait qualifier de vibratoire car ils se font très rapidement,

(8) et des mouvements latéraux comme si les coudes tiraient d'un côté puis de l'autre, dans un phrasé croissant dont le temps est de plus en plus soudain et le flux de plus en plus libre (mais la répétition de ce même mouvement peut aussi nous amener à considérer le phrasé comme résilient, avec une accélération). Ce dernier mouvement, d'abord en alternance avec les petits coups sur la tête (7), se poursuit tout seul quand la marche s'est arrêtée.

Ici, les phrases (1) et (2) pourraient être considérées comme une seule, car la qualité du phrasé et de l'effort reste la même. Je les vois comme deux phrases distinctes car le mouvement répété n'est pas le même. La phrase (3) est simultanée à la (2) : faut-il alors les considérer comme une seule phrase qui cumule deux phrasés ? Dans ce cas, que faire lorsque l'une « déborde » de l'autre comme c'est le cas entre la (6) et la (8) qui se chevauchent mais ne s'achèvent pas en même temps ? On peut à ce propos dire que les phrasés sont concurrents dans le cas de (2) et (3), et superposés dans celui de (6) et (8). Cette description montre par ailleurs que, chez Dobbels, les phrases se construisent souvent par répétitions : c'est la réitération d'un même geste qui procure à chacune son unité dans la délimitation que je propose. On pourrait tout aussi bien considérer chacune des occurrences comme autant de petites phrases indépendantes qui se répéteraient. Il y a donc un certain flottement dans les unités décrites, que je souligne pour montrer la part de subjectivité que j'introduis nécessairement dans les analyses suivantes où je confronterai des phrases parlées et dansées.

D'autres phrases sont délimitées par des changements de forme, comme la (3).

Le problème se complexifie encore si on considère que, contrairement à ce que l'écrit nous fait croire, la phrase parlée n'est pas beaucoup plus stable que la phrase dansée. Benveniste, nous l'avons vu, souligne son caractère mouvant de « création indéfinie, variété sans limite ». Et, en effet, si on ne cherche pas à restituer arbitrairement la ponctuation qui serait celle de l'écrit, les phrases orales se composent tout à fait différemment. Voici la prononciation du texte d'Artaud qui accompagne le début du passage dansé décrit ci-dessus

> C'est au docteur Gachet d'Auver-sur-Oi::se / que Van Gogh a dû ce jour-là : / le jour où il s'est suicidé à Auver-sur- Oi:se / a dû dis-je / de quitter la vie / ↓ car Van Gogh était une de ses natures de lucidité supérieures qui leur permet en toute circonstance de voir plus loin / infiniment plus loin : et dangereusement plus loin : que le réel immédiat et apparent des faits ↓ je veux di :: re // de la conscience / que / la conscience a pour habitude d'en garder : / au fond de ses yeux comme épilés / de boucher : / Van Gogh se livrait sans désemparer : à l'une de ses opérations d'alchimie sombre qui ont pris la nature pour objet : et le corps humain / pour marmite ou creuset ↓ et je sais que le docteur Gachet trouvait toujours ↑ que ça le fatiguait ↓ / ce qui n'était pas chez lui / l'effet d'un souci médical sain : / mais l'aveu d'une jalousie : / aussi consciente qu'inavouée ↓

Les flèches désignent les intonations montantes et descendantes fortement marquées, les / les pauses et les : les allongements de syllabes. Il faudrait encore rajouter à ce rythme les accélérations et décélérations très présentes dans la diction d'Alain Cuny, ainsi que les changements de volume sonore de la voix. Cet aperçu nous montre que, bien qu'il s'agisse de la lecture d'un texte écrit, les pauses et intonations ne correspondent pas exactement aux ponctuations syntaxiques de l'écrit. Combien de phrases compte-t-on alors dans cet extrait ? Autant que de pauses qui scandent le texte et en modulent le sens ? Autant que d'intonations descendantes qui nous rappellent les points de l'écrit sans toutefois leur correspondre ? Il se crée un compromis entre la perception sémantique d'un groupe de mots cohérent, les pauses, les allongements de certaines syllabes, qui m'incitent à entendre des unités après « vie », « boucher » et « inavouée », mais sans que cela ne me semble clair et stable au point d'affirmer que ce serait le seul phrasé possible. Nous garderons donc à l'esprit le caractère mouvant de la phrase dansée et de la phrase parlée : l'instabilité des unités de mesure s'avèrera en réalité précieuse pour expliquer le croisement et l'influence du texte et du mouvement.

Sans cesse, les phrases dansées et parlées semblent déborder les unes des autres. Par exemple, dans *La fille qui danse,* à la fin de la chorégraphie, Carole Quettier recule avec les mains sur le visage, d'abord avec des pas très ouverts latéralement et très amples, qui se resserrent et s'accélèrent progressivement en même temps que son regard se dirige vers le haut. Pendant ce temps, le narrateur prononce la phrase « je parviens à quitter ma table et ma chaise je descends de l'estrade j'ai cessé de lire je continue de parler mais comme pour moi-même je marche droit devant avec l'espoir de ne trébucher sur aucun obstacle et me faisant une règle de ne jamais me retourner ». La phrase commence au milieu d'un pas, au moment du transfert du poids du corps, son amorce ne correspond pas à une impulsion. La danse suit ensuite son rythme propre au gré du rétrécissement des pas, puis la phrase s'achève car la danseuse s'immobilise avant de pencher le buste en avant, amorçant une nouvelle phrase, au beau milieu des mots de liaison « de ne jamais ». La tendance globale est à cette superposition de phrasés entrelacés où danse et texte restent autonomes.

A l'intérieur des phrases, on peut observer comment les agencements rythmiques du texte et de la danse peuvent se rencontrer. Je prendrai un premier exemple où Carole Quettier frappe des pieds sur le sol, produisant un rythme sonore et énergétique très fort (le frappé dans les qualités d'effort de Laban correspond à un temps soudain, un poids fort et un espace direct). Je note par des x les moments des frappes, par des / les pauses dans le texte, par des caractères gras l'accentuation des syllabes et par des flèches les intonations montante et descendante de la voix.

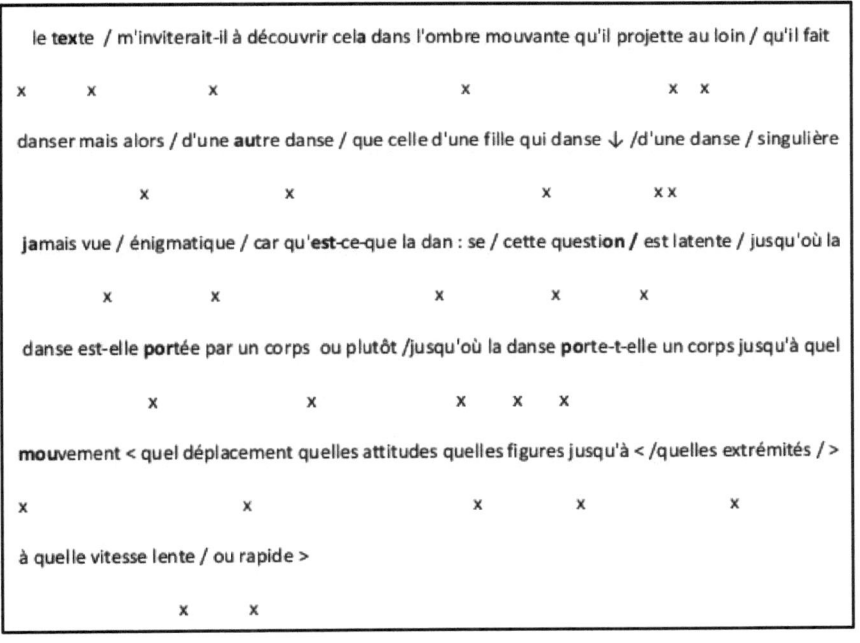

Schéma 2 : correspondance des frappes au sol et du texte dans "La fille qui danse"

Les frappes tombent ou non sur des temps forts, dans les silences ou sur le texte : là encore, il n'y a pas de règle. Cependant, bien qu'il n'y ait pas de partition stricte qui ferait du texte une musique - et c'est là que la distinction que fait Meschonnic entre rythme et mètre nous est précieuse - il y a bien une relation rythmique qui se crée dans le désordre, à un niveau sonore (on entend les frappes) et énergétique. Le texte, comme flot de paroles, avec ses questions sans réponses, vient se couler dans les intervalles entre les frappes, il atténue, lisse le caractère saccadé des sonorités produites par la danse. A rebours, les frappes influent sur la façon dont nous comprenons le texte, au niveau non de sa signification elle-même, mais de sa signifiance (comme degré plus subtil de la signification, ou pré-mouvement de l'esprit pour se saisir du sens du texte)[1] : il s'agirait d'associer, aux questions vertigineuses et sinueuses que se pose le narrateur au cours de ce passage, une certaine brutalité, un certain ancrage au sol et martèlement donné par les frappes, qui, comme le montrait Didi Huberman lors de la conférence dansée « Risque-Rythme » donnée en 2012 avec Israël Galvan, ébranlent la terre sous les pieds des danseurs[2].

Un son étrange comporte aussi des passages rythmés par des frappes, comme celui-ci, dans lequel le danseur a les jambes ouvertes à la seconde, lève le pied gauche sans déplacer son centre, dans un mouvement glissé, entraînant un déséquilibre, et laisse retomber le

---

[1] Voir ZUMTHOR Paul, *Essai de poétique médiévale*, Paris, Seuil, 1972, p. 111 : « Plutôt que de « production » continue de sens, terme évoquant peut-être trop exclusivement un processus conscient, on pourrait parler abstraitement de *sémiose* ou de *signifiance*, émanation d'une signification complexe mais insécable, engendrée par la totalité des signes et des indices les affectant. » La signifiance selon cet auteur opère à deux niveaux, à « ras de texte » (sons, mots …) et au niveau de sa « composition », qui englobe tous les autres signifiants et les connote rétrospectivement. Mon idée est que, lors de la perception du texte, à ces deux niveaux, sa signifiance se trouve influencée par les énergies de la danse. Voir également MESCHONNIC Henri, *Critique du rythme, op. cit.*, p. 270 : l'auteur propose de parler d' « effet de signifiance » pour neutraliser toute intentionnalité et problème de conscient et d'inconscient.

[2] « Risque-Rythme ». Une conférence dansée de Georges Didi-Huberman et Israel Galvan, un film de Sara Millot et Julien Gourbeix. On peut voir cette conférence sur Vimeo : https://vimeo.com/65249661.

pied qui vient frapper le sol. Il répète ce mouvement de chaque côté de plus en plus vite.

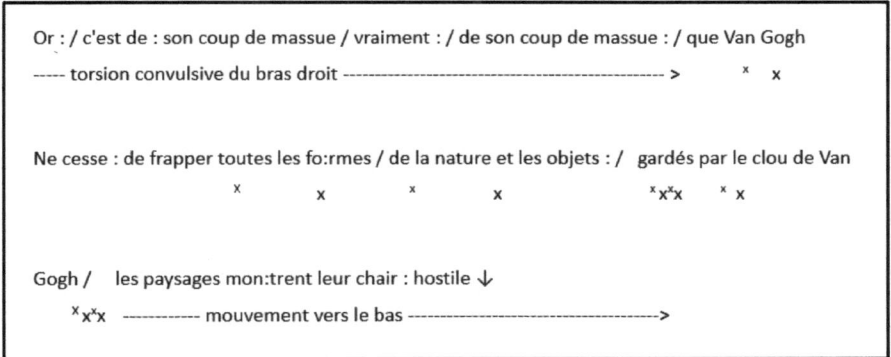

Schéma 3 : phrase parlée et phrase dansée extraites d' "Un son étrange"

Ici, les ---- marquent un mouvement continu qui s'achève en >. Les ˣ montrent les temps du pied qui se lève et les x les frappes au sol. Comme précédemment, les phrases et les temps forts ne sont pas simultanés mais les glissés du pied et les frappes, qui par deux fois peuplent les silences laissés par la voix, font ici directement écho à la tension de la voix et même, dans cet exemple, au sens de la phrase qui compare l'action de peindre à celle de frapper un clou avec une massue. Il n'y a pas de correspondance musicale entre danse et texte, mais un écho qui semble se jouer autre part.

Outre ces passages très clairs rythmiquement que sont ceux des frappes au sol, il se dégage souvent de ces chorégraphies une succession d'impulsions qui semblent transformer un même mouvement plutôt que de produire une série différenciée de mouvements circonscrits dans le temps. Ce sont ces impulsions que le spectateur voit, ressent, en même temps qu'il perçoit celles de la parole qui dit le texte, comme dans cet exemple, où je ne note que l'impulsion des mouvements :

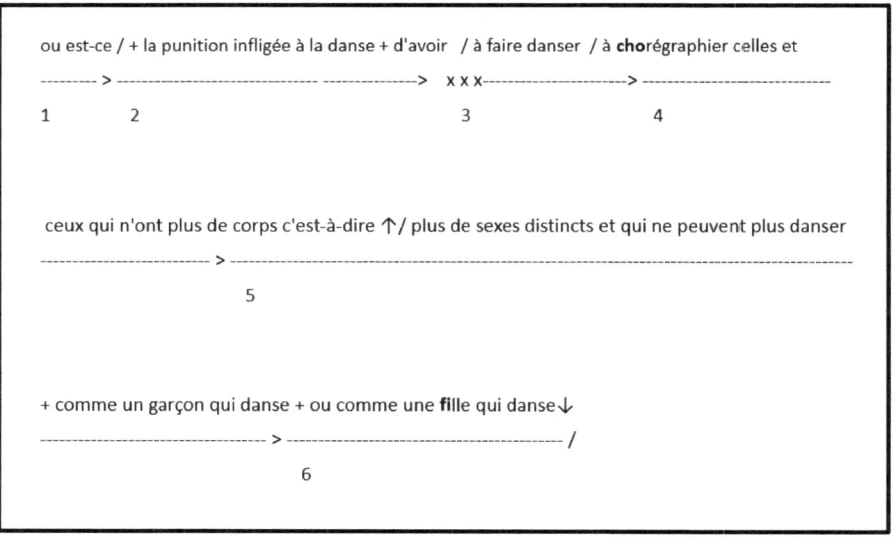

Schéma 4: Impulsions de mouvement sur une phrase parlée de "La fille qui danse"

Chaque flèche correspond au déploiement dans l'espace d'une énergie dont l'impulsion commence au premier tiret et s'achève à la pointe pour donner naissance à une autre impulsion. L'enchaînement d'un mouvement avec l'autre rend la phrase fluide, et l'inscription des mouvements dans le temps beaucoup plus floue que ne l'étaient les frappes précédentes sur le sol (la fin d'un mouvement est déjà le début du suivant). La différence de nature entre parole sonore et mouvement apparaît ici beaucoup plus fortement (il n'y a pas de son qui puisse servir de point de repère dans le mouvement), et les correspondances sont donc plus difficiles à percevoir Ce schéma doit être pris pour ce qu'il est, une tentative forcément caricaturale de superposer les rythmes de la parole et de la danse. Il nous permet cependant de montrer que les correspondances entre les impulsions de la danse et les modulations de la parole existent, tout en n'étant pas systématiques. Elles fonctionnent comme des points de rencontre. Ici, la phrase parlée a commencé avant la phrase dansée mais les deux s'achèvent ensemble. Le début de la troisième impulsion chorégraphique, précédé de trois temps brefs, coïncide avec le détachement du syntagme « à faire danser », composé de trois syllabes, situé entre deux pauses. La cinquième impulsion s'accorde avec un changement de rythme de la parole qui s'accélère. Cela fonctionne comme les entrelacs de deux rythmes distincts dans leur nature et dans leur temporalité mais qui parfois trouvent au même instant leur aboutissement ou leur impulsion, offrant un moment de suspension, de résolution, avant de repartir dans leurs dynamiques respectives.

On commence à voir, d'autre part, que l'apparente autonomie rythmique de la danse et du texte n'est peut-être qu'illusoire : la perception que j'ai de l'une influe celle que j'ai de l'autre, bien qu'elles se réalisent dans deux souffles distincts. Lors des analyses proposées, la parole m'a servi de ligne temporelle par rapport à laquelle j'ai placé des rythmiques dansées. Ce que je retiens de la danse à ce moment-là est donc déterminé par sa relation à la parole. Faire l'expérience inverse, partir du rythme de la danse et chercher comment s'agence le flux verbal par rapport au mouvement, donne des résultats sensiblement différents :

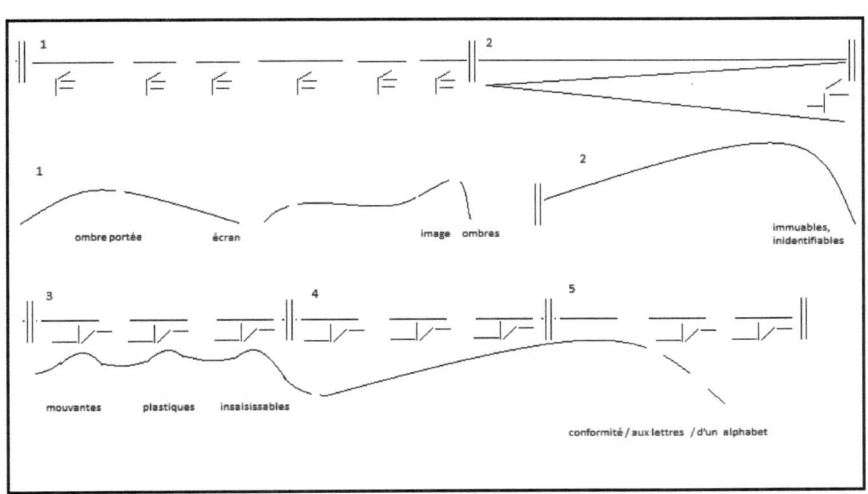

Schéma 5 : cinq phrases dansées et modulations de la parole dans "La fille qui danse"

Ce schéma est plus complexe que les précédents et nécessite quelques explications : la ligne du haut délimite par les || des phrases dansées, et la qualité de la ligne correspond à la qualité du phrasé telles que les a schématisées Angela Loureiro dans l'ouvrage précédemment cité : résilient (1, 2, 3, 4 et 5) et croissant (2). Chaque accent du phrasé résilient ainsi que la progression du phrasé croissant correspondent à une dynamique d'effort noté en Laban : un flux condensé, temps soudain et poids fort dans la première phrase, un flux condensé, temps soutenu et poids fort dans la seconde, et un espace direct, poids léger et flux libre dans les trois dernières. Les trois dernières phrases pourraient parfaitement être considérées comme une seule en trois temps, car il s'agit de la répétition d'un même mouvement : le pied qui glisse sur le sol recroquevillé, en dehors puis vers l'avant plus en dedans. La délimitation que je propose intuitivement est fondée sur les ponctuations fortes que me semblent constituer les arrêts entre chacun des trois mouvements et le transfert de poids du corps. La ligne du dessous figure les intonations montantes et descendantes de la parole de Daniel Dobbels, et les ruptures les arrêts. J'inscris dessous les quelques mots qui dans ma perception font « charnière », dans le sens où ils me restent en mémoire après le visionnage de la séquence. Dans cette approche où la danse sert de ligne de référence et où la parole vient s'inscrire sur la ligne temporelle ainsi déployée, on observe également ce croisement de phrases que je tente de saisir : la seconde phrase parlée s'étend sur plusieurs phrases dansées, avec un changement très fort de qualité d'effort. Cependant, on voit sans doute mieux que dans la proposition précédente la façon dont parfois les rythmes se rencontrent et s'éloignent : lors de la troisième phrase dansée, trois fluctuations du timbre de la voix correspondent aux trois accents « glissés » du phrasé résilient ; et je remarque alors que les trois mots prononcés, « mouvante, plastique, insaisissable », ressortent particulièrement entre tous les lexèmes de la phrase, parce qu'ils sont dits sur le même rythme que les mouvements dansés. Par la suite, la même phrase dansée est répétée deux fois, mais la phrase verbale s'accélère et forme un rythme totalement différent : les seuls mots dont je me souviens sont ceux de la fin, de la retombée : « conformité // aux lettres // d'un alphabet ». Il y a donc, lorsqu'on se concentre d'abord sur le mouvement dansé, une influence de la danse sur la façon dont le spectateur se saisit du texte.

Je donne un dernier exemple, issu d'*Un son étrange*, où je fais cette fois l'expérience de confronter les deux approches : d'abord une schématisation très simple des phrases dansées, ensuite une retranscription de la chaîne linguistique et des temps forts de la danse. Je m'appuie volontairement sur un visionnage plus rapide et moins précis que dans les autres exemples, où j'ai dû faire de nombreux arrêts sur images et retours en arrière afin d'aboutir aux schémas présentés. J'essaie à présent de restituer ma subjectivité de spectatrice qui saisit le mouvement et le texte dans l'écoulement temporel du spectacle.

seconde position	pas en avançant et buste en avant : flux libre (chute)	3 pas (accents)	les mains montent au plafond et retombent
	ce grotesque cerbère		*cerbère*
marche avec les mains sur les pieds (accents soudains)	se redresse et les mains montent (flux condensé)		les bras tombent et sont jetés vers le haut (flux libre)
			idées
bras à la seconde tournent en dedans et tête s'enroule (soutenu condensé)	bras lancés vers le haut (soudain libre)	un pas vers l'avant	
	ne pourrait plus vivre		

Schéma 6 : phrases dansées dans "un son étrange"

Van Gogh aussi croyait qu'il était envoûté et il le disait : / et moi je crois pertinemment qu'il

                                  mains sur cuisses   **chute**
                                    (claquement)   (mains au sol)

l'était : et je dirai par où et comment : un jour : et le docteur Gachet : fut ce grotesque
Pas avec balancé de gauche à droite   **mains jetées**
    x   x   x   **en l'air**

Cerbère : ce sanieux et purulent Cerbère : veste d'azur et linge haut glacé : mis devant le

pauvre Van Gogh pour lui enlever toutes ses saines idées : / car si cette manière de voir qui
                                      Ouverture bras
                                        à la seconde

est saine était répandue maintenant : la société ne pourrait plus vi :: vre
                                              Mouvement des
                                              bras circulaire vers l'avant

Schéma 7: phrases parlées dans "Un son étrange"

La confrontation de ces deux approches tend à montrer que la perception rythmique de la chorégraphie varie sensiblement si je me concentre sur la danse ou sur le texte. Ce ne sont ni les mêmes mots ni les mêmes mouvements qui me restent en mémoire, et les temps « forts » ne sont pas aux mêmes endroits, bien qu'il y ait des points communs, comme l'ouverture des bras en flux libre sur « idées », car le mouvement et sa suspension correspondent presque exactement à la temporalité de l'allongement de la syllabe. Il n'y a donc pas tant le croisement de deux rythmes qu'un rythme commun qui s'impose et peut varier selon que mon attention se déplace plutôt à l'endroit des gestes ou plutôt à l'endroit de la chaîne phonique. Si je m'interdis toute rectification *a posteriori*, je remarque même que d'un schéma sur l'autre, ce ne sont pas toujours les mêmes mots qui correspondent aux mêmes gestes : le premier mouvement des mains vers le haut m'a semblé effectué sur le terme « Cerbère » qui ressort particulièrement dans la phrase parlée, alors que, lorsque je pars du texte, c'est plutôt sur les termes précédents que je vois le mouvement : la mémoire, même immédiate, que j'ai du texte et de la danse, n'est pas celle d'une superposition exacte dans le temps (un mot associé à un geste), mais un flux de mouvements associé à un flux de paroles, deux dynamiques, condensées par ma mémoire, qui se croisent. Cette dernière expérience montre à quel point la subjectivité du spectateur est importante dans la construction du rythme et même la délimitation des phrases, dès lors qu'il y a des variations selon le point d'attention que je choisis[1].

Ceci, plus que de n'importe quelles autres, est vrai des chorégraphies de Dobbels où le mouvement se déploie sans chercher à marquer d'accents rythmiques particuliers, ni encore moins à obéir à une quelconque mesure. Même si on y voit des effets de reprise formelle, cette danse ne se caractérise pas par une itération temporelle : chaque geste se déploie à son rythme et se fond dans le suivant, les accélérations et les ralentissements ne se positionnent pas dans une temporalité constante, ils semblent comme organiques, jamais soumis à une quelconque mesure ou cadence.

A l'opposé du rythme de cette danse, on aurait par exemple la chorégraphie *A posteriori* de Georges Appaix. Au début de cette

---

[1] Une représentation « objective » du croisement est bien sûr possible si on détermine minutieusement où « tombe » chaque mot dans la gestuelle dansée, et vice versa, mais j'observe par ma propre expérience qu'elle ne rend pas compte de l'expérience du spectateur. Cette observation est pénible, demande des arrêts sur image, des retours en arrière dans la vidéo et une concentration qui sont très loin de reproduire les conditions de réception du spectacle. Il semble également impossible de penser que le danseur aligne consciemment ses gestes sur les mots du texte, tant le croisement demeure fluctuant, ce que confirme Daniel Dobbels lui-même dans son témoignage lorsqu'il dit avoir laissé une bonne part du croisement au hasard.

pièce, un des danseurs scande le début de l'*Odyssée* d'Homère « Muse, dis-moi l'homme inventif qui erra si longtemps / Lorsqu'il eut renversé les murs de la sainte Ilion » de différentes façons, en plaçant des accents toniques très appuyés, en ménageant des accélérations et des ralentissements pour produire une mesure[1]. Le groupe s'empare de ces propositions rythmiques, les répète en chœur et y associe des mouvements dansés : l'impulsion des mouvements, accentuée, inscrit la danse dans la mesure du mètre. Cette chorégraphie homérique est entrecoupée de passages dans lesquels les danseurs racontent des épisodes de leur propre vie. Dans l'esthétique de la chorégraphie, ces deux moments qui se succèdent au cours de la pièce marquent la séparation entre les exploits mythiques d'un héros et la vie de contemporains, qui finalement se répondent et se rejoignent : une horizontalité s'établit entre les exploits privés de chacun et ceux du héros grec, et entre la mémoire personnelle et le récit mythologique. Dans les parties en prose de cette chorégraphie, la danse conserve la clarté musicale qu'elle a quand elle se construit sur les vers de l'épopée, et c'est la parole qui en est influencée, donnant aux énoncés des danseurs quelque chose d'épique dans leur prononciation. Voici, par exemple, une des premières phrases en prose, prononcée par le personnage d'Isabelle (chaque barre est une barre de mesure qui marque la scansion) :

---

[1] La traduction utilisée est celle de Frédéric Mugler qui a transposé la métrique grecque en vers de quatorze syllabes. Plus loin, une danseuse compare les différences de deux traductions.

Je suis née	la troisième	dans une grange	/	blanche	/	/
		Saut	piqué		pas	pas
Mon ::	::premier ↑	voyage ↓	solitaire /	c'était /	entre/	les deux fauteuils du salon
		Port de bras		Contre temps posé	posé	tour

Schéma 8 : mesure parlée et dansée dans "A Posteriori" de Georges Appaix

Chaque syllabe est traitée comme une durée musicale et la voix accélère ou ralentit pour former des mesures qui suivent les mouvements dansés. Les silences imposent à la diction un rythme qui n'est pas celui de la prose, d'abord par l'exagération des accents et des intonations (marquées par des flèches), ensuite par les silences qui ne suivent pas nécessairement la syntaxe (marqués par les /).
Derrière, plus doucement, on entend dans les intervalles un danseur qui continue de compter, comme il le faisait pour les vers homériques, ce qui renforce cette dynamique. La danse est très claire car chaque mouvement est précisément circonscrit dans le temps.

La danse de Dobbels, au contraire, montre un mouvement continu, dont les impulsions s'estompent. C'est une danse du flux, du processus, qui forme des phrases moins par un tempo sensible que par des changements de qualités de mouvement. Pour ne donner qu'un exemple, après la quatrième reprise de la diagonale de tours, la danseuse revient sur ses pas dans une série de tout petits sauts, qui, à mesure qu'ils reculent dans l'espace, s'élèvent de moins en moins, comme s'ils s'atténuaient. Lorsque la qualité de saut a disparu, la main droite effectue un très léger mouvement de rotation, puis c'est tout le bras qui forme des cercles (ceux que j'ai évoqués plus haut), rapides, énergiques, réguliers, dont le rythme contraste avec le déplacement du corps qui marche puis passe au sol. Ce mouvement se résout lorsque la danseuse se fige au sol, de dos, dans une position peu lisible qui immédiatement pivote, très doucement, les deux pieds en l'air, pour la ramener de profil.

Dans cette séquence, il y a trois temps qui correspondent à des qualités énergétiques (le rebond, où l'énergie est dirigée vers le sol, la rotation d'où se dégage une force musculaire régulière et rapide, la suspension, où le flux est contraint, le poids fort, comme arraché du sol, et le mouvement ralenti). Cependant, les trois temps se superposent (le passage au sol a déjà commencé alors que les ronds de bras ne sont pas terminés), naissent les uns des autres (il n'y a jamais d'arrêt) et, surtout, se déploient dans une temporalité qui leur est propre, suivant chacun son propre rythme énergétique.

Or, cette qualité de mouvement rapproche la danse de Daniel Dobbels du rythme de la parole en prose où chaque phrase se déploie selon sa sémantique, sa syntaxe, son expressivité propre, loin de la contrainte temporelle du mètre : un « rythme sans mesure », écrit Meschonnic au sujet de la prose[1]. Et c'est finalement par cette approche que nous pouvons comprendre l'osmose qui se crée entre le rythme du texte et le rythme de la danse dans *La fille qui danse* et *Un son étrange*, par-delà les rencontres du phrasé : c'est le flux de la prose, qui en danse s'opposerait à l'inscription du mouvement dans une mesure musicale, que le chorégraphe choisit pour rythme, à l'instar des textes que l'on entend[2].

---

[1] MESCHONNIC Henri, *Critique du rythme, op. cit.*, p. 146.

[2] Laurence Louppe, dans la *Poétique de la danse contemporaine*, soulignait déjà que « le danseur qui se passe de musique entre plus profondément dans le phrasé ». Mais, pour cette auteure, le phrasé pouvait très bien être un équivalent de la

Dans les deux chorégraphies, ce mode de composition rythmique donne à la danse une impression de sobriété et de liberté, alors même que les mouvements effectués sont complexes et parfois contraignants techniquement pour le corps : comme le texte, ils s'écoulent, prennent le temps de se déployer jusqu'à leur terme puis se métamorphosent imperceptiblement.

Dans *La fille qui danse,* cette continuité est également une caractéristique que l'on retrouve au niveau de la composition sémantique du texte d'Alain Fleischer écrit pour la danse de Dobbels, qui peut rebondir sur un mot pour partir autre part. Au début de la chorégraphie, le narrateur- lecteur s'interroge sur l'emploi de la première personne dans le texte qu'il est en train de lire, et questionne la forme syntaxique du texte :

> une question de forme étant ainsi posée
> ↓ // une forme justement ↓ / voilà ce qui
> apparaît devant mes yeux lorsque par
> moments je les lè:ve du texte ↓ / je me
> demande / quel est le lieu d'apparition
> de cette ombre chinoise qui plâ:ne ↓ /

On est passé de la forme du texte, de son écriture à la première personne, à une forme hors du texte, indéterminée, une ombre : le terme pivot, « forme », est pris dans deux réalités différentes et nous

---

mesure musicale, comme le montre la convocation d'exemples comme celui d'Appaix que j'ai également commenté : « Georges Appaix (...) part, lui, d'un phrasé textuel ». Ou encore l'exemple de chorégraphes qui partent de « musiques intérieures ». Ce que je voudrais souligner ici, c'est que la phrase dansée peut se détacher absolument de toute notion de mesure, tout comme la prose ne se mesure pas en mètre. J'entends donc, finalement, le mot « phrase » dans un sens plus large que celui de Laurence Louppe, qui le restreint à une certaine musicalité de la danse. D'ailleurs, elle admet des chorégraphies sans phrases, ce qui, dans la définition que je donne à cette notion, semble aussi impossible qu'une parole sans phrase, dans la mesure où n'importe quelle suite de mouvements peut se scinder en plusieurs unités, tous critères de « découpage » confondus. LOUPPE Laurence, *Poétique de la danse contemporaine, op. cit.,* pp. 148-150.

permet de passer de l'une à l'autre. Tout le texte se déploie sémantiquement par ces petits écarts d'un pan à l'autre de la réalité, qui fonctionnent comme des métamorphoses de l'univers référentiel décrit : sommes-nous en train de parler d'un texte lu, écrit, dicté, de sa graphie, d'une ombre portée, d'un spectacle en cours, des désirs du narrateur d'imaginer quelque chose derrière lui ? Tout ceci se fond dans un rythme continu, de la même façon que les mouvements de Carole Quettier naissent les uns des autres sans arrêt ni rupture.

Dans *Un son étrange*, la tension musculaire et la tension de la voix donnent à cette dynamique quelque chose de contraint, un poids lourd et un flux condensé, comme si les mouvements étaient entravés par une force opposée, ce qui est accentué par les fréquents moments où Adrien Dantou manipule lui-même une partie de son corps, devenue inerte et rigide. Aussi, au flux tranquille de *La fille qui danse* s'opposent la « démesure » du texte d'Artaud, sa douloureuse contrainte qui entrave la pensée en formation, et l'insoutenable mise en mots, mots que l'auteur a souvent ressentis comme une agression capable de le meurtrir physiquement. Dans cette phrase, par exemple :

> je suis aussi comme le pauvre Van Gogh / je ne pense plus : / mais je **DIRI**ge : / chaque jour :: / de plus près / de **FOR**MIDABLES ébullitions internes / et il ferait beau **voir** / qu'un médecin quel**conque** / vienne me reprocher de me fati**guer** ↓

on remarque les fréquents silences et allongements de syllabes qui impriment une tension à la voix, comme si la parole avait du mal à se formuler. Les parties en majuscules sont sur articulées, comme l'explosion de la parole contenue. Enfin, un crescendo sur toute la phrase accentue encore cette tension, cette fois par le volume sonore qui oblige à « pousser » la voix progressivement vers le cri.

Le rythme-prose de Dobbels joue donc sur des itérations discrètes, liées temporellement en phrases qui s'enchaînent les unes avec les autres, refusant la mesure et formant tout au long des représentations une continuité 'fluante', que l'on peut opposer à la sensation que l'on a devant les autres pièces, qui semblent au contraire composées de parties clairement distinctes qui ne débordent pas les unes dans les autres.

Je ne m'attarderai pas dans cette partie sur la chorégraphie *Museum of nothing*, car j'ai déjà eu l'occasion d'en détailler la structure, qui me semble fondée sur les différentes modalités énonciatives, avec une progression qui irait de l'immanence (le rituel du début qui est inscrit dans le temps et l'espace de la représentation) à la transcendance (la projection dans des référents diégétiques qui se croisent pour finalement se détacher totalement du présent de la représentation). Cependant, l'approche rythmique nous permet à présent de penser différemment cette structure, et de comprendre l'inversion que je tente d'opérer dans cette seconde partie : rien, au sein de l'énonciation ou de l'univers référentiel, ne motive le passage d'une partie à l'autre. Le rituel prépare le débrayage du spectacle mais n'annonce pas la diégèse de l'histoire d'Antoine et de Jonah, pas plus que l'allusion gestuelle à Joseph Beuys, et rien ne motive le passage vers le récit final du voyage des deux amis. Les transitions sont assurées par des phrases qui ne sont incluses dans aucun des récits, et les déplacements scéniques, notamment les entrées et sorties de la structure métallique au centre de la scène, se font de façon neutre, sans obéir à une quelconque intention ou nécessité psychologique des personnages. Ce n'est donc pas le rythme qui est impliqué par la structure diégétique du texte, mais l'inverse : c'est le rythme qui est moteur, et les transformations énonciatives marquent les différentes parties sans motiver le passage de l'une à l'autre, qui se trouve être gratuit, comme on peut dire du geste dansé qu'il est gratuit parce qu'il n'est subordonné à aucun but. D'où cette impression d'absurde dont parfois peuvent jouer les artistes dans ces chorégraphies qui utilisent le référent diégétique comme matière rythmique : à la compréhension du spectacle comme signe s'oppose le rythme du spectacle comme modulation de matière.

Enfin, dans les chorégraphies de Daniel Dobbels, les croisements entre texte et danse nous sont apparus dans la superposition rythmique de deux entités distinctes, comme le figurent mes schémas dont la ligne horizontale établit une limite, une séparation entre deux médiums ressentis de façon distincte. Ce n'est pas le cas de la pièce de Fanny de Chaillé dans laquelle les interprètes parlent en dansant, et qui va donc me permettre de nuancer cette différence radicale que j'ai posée *a priori* entre « mouvement » et « texte », comme si le texte, devenu parole, n'était pas lui-même mouvement du corps au même titre que la danse.

III. *Le Groupe* de Fanny de Chaillé : séquences rythmiques

Le Groupe de Fanny de Chaillé se compose de différents moments fortement distincts, que l'on pourrait appeler séquences. Ce parti pris est une première façon d'envisager le rythme de la pièce : il s'agit de l'organisation spatio-temporelle de la représentation, non plus dans son rapport au présent diégétique mais dans la réalité de sa matière. Déterminer comment s'articulent ces séquences et ce qui forme leur unité, notamment interroger ce qui, de la gestuelle ou du propos du texte, fait structure, pourra nous ramener encore une fois à la question de la classification générique de cette pièce située entre théâtre et danse, mais surtout, nous montrera si le rythme qui agence toutes les matières gestuelles, visuelles et verbales peut être considéré comme un moteur de l'action. Voici une façon de représenter les différentes séquences de la chorégraphie (les parties en italique indiquent les transitions entre les séquences) :

	Placement scénique	**Description**
1	Groupe à jardin	Présentation du groupe et « renoncements ». Gestuelle théâtrale qui accompagne l'énonciation.

Les paroles se superposent. Christophe qui s'est extrait du groupe prend la parole. Déplacement de jardin à cour

2	Ligne à cour	Les interprètes passent successivement les uns devant les autres en se poussant réciproquement. Celui de devant parle.

Christine se détache du groupe et se déplace à cour

| 3 | Ligne latérale en avant-scène | Les quatre interprètes se regardent dans un miroir imaginaire, face au public. |

Le groupe accuse Guillaume de jouer un personnage. Guillaume prend la parole et le cercle s'élargit

| 4 | Demi-cercle autour de la lettre géante | Guillaume parle « naturellement ». |

Félicitations de Guillaume et dépliage de la lettre

| 5 | Trajet du groupe de l'arrière-scène à l'avant-scène centre | Grégoire avance tandis que les trois autres forment autour de lui un décor avec des cartons sur lesquels sont écrits des mots reprenant une énumération d'entités imaginaires présentes dans le texte. Musique. |

Grégoire repousse les cartons d'un geste brusque et les fait tomber

| 6 | Déplacement en avant-scène | Grégoire parle tandis que Christophe, derrière lui, reste en contact très étroit (point de contact : visage ou nez) et suit tous ses mouvements comme un double. |

Grégoire se retourne brusquement et Christophe se « détache »

| 7 | Christophe occupe un espace étendu et les autres sont statiques en avant-scène cour | Christophe se livre à une danse désarticulée. Les autres s'échangent la parole. Le texte s'interrompt, les interprètes débattent sur le sujet et la crise de la perception. |

Christophe cesse de danser et prend la parole

8	Groupe milieu de scène	Christophe récite le texte de façon saccadée, avec des trous de mémoire, et les autres le lui soufflent.

Christine prend la parole en mettant la main devant la bouche de Christophe

9	Trajet du groupe de l'arrière-scène à l'avant-scène centre, avec déplacements latéraux	Christine récite le texte et les autres la reprennent en proposant des gestes et des intonations qu'elle reproduit. Les gestes sont de plus en plus rapprochés et intrusifs.

Christine pousse Grégoire qui tombe et les autres forment un cercle autour de lui

10	Milieu de scène puis déplacement en diagonale avant-scène cour et latéral de cour à jardin	Christophe prend la parole, Christine et Guillaume suivent son mouvement. Il se baisse vers Grégoire qui est allongé par terre. Puis déplacement de tout le groupe dans cette relation de promiscuité : port de bras de Christophe, que reproduisent comme des échos les bras des trois autres derrière lui. Phrase répétée quatre fois.

Grégoire se détache du groupe

11	Ligne latérale serrée en avant-scène jardin	Grégoire parle tout en faisant passer latéralement des cartons avec des inscriptions que les autres réceptionnent, de façon à former des phrases. Puis s'enchaînent un moment d'immobilité, une phrase musicale et la chute des cartons. Le procédé se répète.

Tout le monde part sauf Guillaume qui reste avec deux mots qui tombent sur le syntagme « les mots une fois de plus m'abandonnent »

| 12 | Espace étendu, principalement latéral en milieu de plateau | Guillaume effectue une série de gestes sur une énumération du texte, montrant d'abord des directions puis, sur la même énumération, proposant des formes évoquant les objets énumérés. Les autres font pareil. |

Progressivement une voix off se fait entendre qui parasite le texte audible, et Grégoire sort et ramène des coulisses l'objet livre pour pallier une rupture dans la diction du texte

| 13 | Espace étendu | Le temps et l'espace s'estompent jusqu'à l'extinction des lumières. Au milieu de la séquence : une énumération est chantée sur l'air de la chanson *Aguas de Março*. Durant toute la séquence les sons se mélangent, notamment la voix off qui est la voix intérieure des interprètes et leur voix réelle. |

Tableau 1 : proposition de division séquentielle du "Groupe"

Ce tableau nous permet de constater clairement que la division du spectacle en séquences se fait en fonction des changements de locuteurs, de déplacements qui façonnent différemment l'espace scénique, et d'une unité gestuelle au sein de chaque séquence. Parfois, la transition a pour pivot un syntagme ou une expression du texte (le passage de 11 à 12 par exemple), mais parfois elle se fait indépendamment du texte, dans le silence ou non. Jamais le changement de séquence ne correspond à une division interne au sens du texte : la structure sémantique, au contraire, semble disparaître sous l'organisation structurelle du spectacle. Elle est soumise aux changements de locuteurs, à des répétitions motivées par les jeux gestuels, aux déplacements des interprètes.

Une première interprétation consisterait à considérer qu'il y a dans cette pièce une double narration : celle de Lord Chandos disparaîtrait sous celle des interprètes qui racontent comment ils jouent leur rôle. Une transition comme celle de 12 à 13 où Grégoire amène sur scène le livre afin de permettre à la pièce de continuer irait dans ce sens, ou encore, celle de 9 à 10 où Christine pousse Grégoire au sol pour mettre un terme à l'intrusion que représentent les propositions gestuelles des autres membres du groupe dans son espace personnel. La lecture générale tendrait alors vers une narration sous-jacente, dont les interprètes seraient les personnages, et qui mettrait en scène leur jeu d'acteurs/danseurs, leur contamination par la crise du sujet de Lord Chandos dont ils jouent le rôle, et une résolution dans le passage final où les voix intérieures sont extériorisées en voix off. Cette double narration peut se rapprocher de celle qui était à l'œuvre dans *Meublé sommairement* de Dominique Bagouet, où la narration littéraire se doublait d'une autre histoire, celle de danseurs se rendant à une audition. Elle peut également évoquer le croisement de diégèses que j'ai étudié en première partie dans *Museum of nothing*.

Cependant, cette analyse, sans être fausse, est largement insuffisante pour expliquer l'ensemble de la dynamique de la pièce. En effet la plupart du temps, les transitions entre les séquences ne trouvent aucune justification sur le plan psychologique ou narratif : ni les interruptions, ni les changements de voix, ni les déplacements ne se justifient dans cette « deuxième narration », qui, d'ailleurs, est loin de se déployer de façon cohérente dans le temps.

Les interprètes ne racontent pas leur histoire d'interprètes, pas plus qu'ils ne racontent l'histoire du texte. C'est exactement ce qui est annoncé au début de la représentation lorsque le groupe renonce « à construire une narration cohérente et efficace dans le temps et l'espace de la représentation ».

Il faut donc inverser les choses et considérer que c'est bien à un rythme interne qu'obéit la construction de la pièce, rythme donné dans l'espace par la place des interprètes et le décor qui se modifie au milieu du spectacle, et dans le temps par la succession des différentes séquences qui sont autant de propositions gestuelles et rythmiques, que je propose d'aborder à partir de considérations purement chorégraphiques : celles de l'occupation de l'espace et des qualités d'effort.

1. Espace et dynamique du groupe

L'espace interpersonnel est l'espace relatif qui existe entre les interprètes. Dans la pièce de Fanny de Chaillé, il a une importance particulière : c'est lui qui rythme la dynamique du groupe et répartit les rôles de façon spécifique lors de chaque séquence. Ainsi, les séquences 1, 2, 5, 8, 9 et 10 sont des quatuors avec un espace interpersonnel très serré, allant dans certaines jusqu'au contact. La séquence 8, dans laquelle Christine parle et intègre les propositions gestuelles et vocales des autres, joue sur le resserrement de cet espace, qui devient intrusif, jusqu'à ce qu'elle y mette fin. Les séquences 3, 4, 12 et 13 présentent un espace interpersonnel plutôt étendu, laissant la liberté à des mouvements amples de se déployer (séquence 12 par exemple) ou donnant l'impression d'un isolement, d'une dislocation des membres du groupe (séquence 13). Souvent, un des membres se détache du groupe, donnant lieu à une répartition en trio / solo, comme c'est nettement le cas lors de la séquence 7, celle du solo dansé de Christophe. La séquence précédente est un duo entre Christophe et Guillaume, dont l'espace interpersonnel est quasiment inexistant, comme s'ils ne formaient qu'un, tandis que les deux autres sont sur le côté. Ces variations proprement spatiales ont de façon évidente une répercussion sur la façon dont le spectateur entend le texte, qui émane d'une voix au sein d'un groupe resserré se déplaçant de part et d'autre de la scène au gré des mouvements dansés (séquences 6 et 12) ou encore, lors des transitions, au gré des changements de locuteurs. Là encore, la séquence 7, centrale, a un rôle particulier car elle dissocie l'attention visuelle, qui se porte sur Christophe, de l'attention sonore, qui se porte sur le reste du groupe qui occupe la partie cour de l'avant-scène.

Il y a donc une dynamique de l'espace qui organise le groupe et touche la gestuelle au même titre que la parole. Cette même dynamique est également modulée par les jeux d'adresse de la parole et des regards qui régissent les liens entre les membres du groupe. Ainsi si une séquence comme la quatrième, dont l'espace interpersonnel est très étendu, donne l'impression d'une cohésion, à la différence de la dernière séquence, c'est parce que les regards de tous les membres du groupe sont tournés vers Guillaume, qui parle, et sur lequel se focalisent, par ce jeu de circulation des intentions, le regard et l'attention du spectateur. Lors des séquences 8 et 9, le trio qui reprend le locuteur lui adresse les phrases qu'il prononce, alors que le locuteur (Christophe puis Christine) les adresse au public. La parole et la gestuelle ne sont pas éparpillées et circulent donc au sein du groupe vers un point d'attention fixe. Enfin, lorsque Guillaume, lors de la séquence 12, effectue une série de propositions gestuelles qui sont reprises de façon quasi simultanée par les autres, ceux-ci le regardent, créant un relief dans la chorégraphie d'ensemble ainsi proposée.

Nous revenons donc à la politique de groupe qu'expose Fanny de Chaillé dans cette pièce, mais à présent par le biais du rythme : ce ne sont pas des ensembles synchrones qui forment la cohésion parmi les interprètes mais un jeu d'écoute, d'adresse et de regard qui permet au groupe d'exister de façon très forte, et qui donne toute sa puissance à la variation de l'espace interpersonnel à l'œuvre dans le spectacle.

2.   Répétitions et reprises dans le temps et dans l'espace

Si on considère la composition des séquences elles-mêmes, on constate souvent que ce n'est pas le sens du texte qui guide une production gestuelle qui viendrait l'appuyer. Au contraire, c'est la gestuelle qui modèle l'énonciation, au point de la rendre parfois inaudible, comme à la fin de la première séquence ou de la dernière où les voix se superposent, ou encore dans tous les effets de répétition qui impriment au texte une cadence rendant sa signification secondaire. Dans la séquence 9, les membres du groupe interrompent sans cesse le texte de Christine pour en reprendre des syntagmes en y ajoutant un mouvement corporel et une intonation. Cette dernière incorpore les propositions de ses partenaires, ce qui modifie la diction. Le texte se plie entièrement à la temporalité du mouvement, comme c'est également le cas dans la onzième séquence, dont la cadence régulière se compose systématiquement d'un syntagme du texte, de la circulation des cartons de main en main, d'une phrase musicale, de la chute des cartons, et se répète cinq fois[1]. De même dans la séquence suivante, l'énumération proférée par Guillaume est répétée deux fois pour s'accorder à deux propositions gestuelles différentes, et les pauses entre ses termes sont celles des déplacements entre les mouvements.

Les effets de répétition sont importants dans de nombreuses séquences, qu'il s'agisse de répétions temporelles (itération d'une même phrase dansée) ou spatiales (répétition simultanée d'une même phrase dansée par plusieurs membres du groupe), avec souvent un mélange des deux (la phrase est à la fois reprise par les autres en plus ou moins léger décalage temporel, comme c'est le cas des séquences 9, 10 et 12 qui jouent de diverses façons avec cet effet de réitération). Tout en refusant

---

[1] J'étudie plus loin en détail cette séquence.

la synchronisation parfaite, ces effets répétitifs fonctionnent comme des échos ou des propagations d'un mouvement, qui souvent émanent d'un des interprètes pour se diffuser dans l'ensemble du groupe. L'interprète « meneur » est celui qui a la parole, et, comme nous l'avons vu plus haut, l'écoute et les regards des autres sont tournés vers lui. Ce procédé touche le traitement de la parole au même titre que la gestuelle : dans les séquences 9 et 10, le texte est répété par plusieurs personnes comme un écho. Parfois, les interprètes prononcent tous en chœur un même groupe de mots, qui se trouve démultiplié.

Pour donner un exemple de cette esthétique de la répétition en écho, nous pouvons schématiser le déroulement d'une partie de la séquence 12. C'est Christophe qui parle, et, après chacun des termes de l'énumération, ou simultanément à ceux-ci, il fait varier sa posture corporelle vers une forme dont le rendu visuel évoque l'objet mentionné. Chacun des interprètes reproduit, à tour de rôle, la figure :

Schéma 9 : échos gestuels dans "Le Groupe"

Ce schéma nous permet d'observer les décalages temporels entre le texte, le mouvement « initial » et son itération spatiale. Ce qui saute aux yeux, c'est la fluctuation du rythme qui n'est pas du tout mesuré ou cadencé, et varie à chaque occurrence, créant sur scène un flot de mouvements qui, lors d'une courte pause, parfois presque inexistante, se rejoignent et forment un tableau commun, puis se déforment l'un après l'autre. Tous les ensembles de la pièce sont conçus sur ce modèle, si bien que le rythme, malgré la structure en séquences, a quelque chose de ce débordement et de cette fluidité que j'avais comparés chez Daniel Dobbels au rythme de la prose. Cependant, certains endroits jouent, en contraste avec cette dynamique dominante, avec un rythme régulier proche de la mesure. C'est le cas de l'énumération chantée lors de la séquence 13, que j'ai évoquée plus haut. L'air mélodique donné à la parole entraîne chez les interprètes un mouvement d'oscillations corporelles, discrètes comme le fredonnement de l'air. C'est également le cas de la séquence 11, où gestuelle, parole et musique sont organisées en temps successifs :

- Grégoire prononce une phrase du texte et fait passer les cartons
- Les interprètes restent immobiles, présentant la phrase ainsi formée par les mots sur les cartons
- On entend une phrase musicale
- Les quatre interprètes se penchent en avant et laissent tomber leurs cartons, provoquant une rupture visuelle et sonore

La chaîne est répétée cinq fois, avec toujours une phrase différente mais une gestuelle similaire. Le traitement du temps de cette partie du spectacle, est, en réalité, cadencé plutôt que mesuré. A la différence de ce que nous avons observé chez Appaix, il n'y a pas de tempo qui réglerait exactement le temps de chaque geste et de chaque mot. Il y a une division du temps avec un moment imparti à chacune des actions, qui doivent se succéder toujours dans le même ordre, ce qui se rapproche plutôt de la cadence qu'on observe dans une chaîne de travail par exemple[1]. Comme nous le verrons également dans les descriptions des teintes qualitatives qui vont suivre, la parole est traitée de ce point de vue comme une action qui succède aux autres.

3. Qualités d'effort

Le travail sur des qualités dynamiques particulières dans la gestuelle du groupe est une autre façon de singulariser chaque séquence. Ainsi, la séquence 2 dans laquelle les interprètes se poussent en chaîne joue principalement sur un poids fort (imprimé par la résistance des poussées contradictoires vers l'avant et vers l'arrière), qui rend le flux des mouvements condensé, sauf lorsque l'un des interprètes passe devant, se dégageant de la chaîne. La parole à ce moment-là s'énonce dans une temporalité très rapide, comme si l'effort fourni s'accompagnait d'un état d'urgence. Tous les pronoms de première personne sont marqués d'un fort accent tonique qui imprime des saccades dans ce flux continu de paroles qui passe d'un interprète à l'autre.
Une séquence comme la cinquième, composée sobrement d'un déplacement sagittal vers l'avant, est marquée par le temps très soutenu de la marche et les pauses durant lesquelles Grégoire se trouve

---

[1] Anne-Claire Désesquelles distingue le temps de la mesure de celui de la cadence. Voir DESESQUELLES Anne-Claire, *Au rythme de la vie*, op.cit., p. 17. Alors que la mesure rend sensibles les irrégularités rythmiques par sa régularité millimétrée, la cadence aliène par sa réitération systématique.

« décoré » des panneaux écrits. Le flux est condensé, tandis que la parole, qui partage l'espace sonore avec la musique, est lente et posée, avec des variations de tonalité et de nombreux accents toniques suivis de silences. Cette dynamique est brisée lorsque Grégoire fait tomber les panneaux : la chute est par excellence un mouvement en flux libre, le temps devient soudain, la teinte change brutalement.

J'ai déjà commenté plus haut la qualité très spécifique de la danse de Christophe dans la séquence 7, j'aimerais ici souligner la façon dont elle est confrontée d'abord à un texte récité sur une musique, puis, enfin, à l'échange informel entre les autres interprètes. La première rencontre est l'étrange décalage entre un rythme sonore musical et les pas de ce danseur qui a renoncé à « être dans les temps ». Systématiquement la danse est en dehors de la mesure musicale, déployant une rythmicité irrégulière par-dessus la musique. La parole quant à elle, récitée par Grégoire, est à ce moment fluide, ménageant des pauses régulières entre les syntagmes, dans un effet presque monotone qui empêche que l'on puisse se concentrer sur le sens des propos. Il y a quelque chose de poétique dans cette superposition de rythmes décalés, qui donne à l'ensemble la puissance évocatrice d'un sujet disloqué, perdu dans un flou spatio-temporel. Lorsque le groupe, interrompu par Manuel Coursin à la régie, commente de façon imagée et humoristique la crise du sujet de Lord Chandos, Christophe continue de danser, répétant les mêmes types de phrases précédemment vues en musique[1]. Sans changer de texture, la perception qu'on a de ses mouvements est altérée. Sa superposition au rythme de la parole « parlée », plus chaotique dans sa temporalité et la répartition des accents que ne le sont la parole récitée et *a fortiori* la musique, donne une sensation générale de désordre et de dépouillement, comme si les mouvements effectués perdaient entièrement à ce moment-là leur raison et leur motivation, se

---

[1] Fanny de Chaillé précise que cette danse est improvisée, mais que les consignes corporelles données au danseur ne varient pas, qu'elle a donc la même qualité d'effort.

débattant seuls sans repères. Comme je l'ai évoqué plus haut chez Daniel Dobbels, je ne perçois plus exactement de la même façon le rythme des phrases dansées dès lors qu'elles s'accompagnent d'un nouvel environnement sonore. Ce changement, purement rythmique, contribue largement à placer, comme nous l'avons vu plus haut, parole et danse sur deux plans différents à ce moment du spectacle. A la fin, lorsque Christophe reprend la parole, son élocution garde la trace de cette séquence dansée : d'abord, parce que son essoufflement altère son débit de parole. Ensuite, parce que le jeu engagé sur les hésitations et les blancs dans le texte, comme si le danseur parlait puis 'butait' sur un mot et s'arrêtait jusqu'à ce que les autres lui soufflent le texte, rappelle l'alternance de flux contraires, libre et condensé, qui caractérisait la proposition dansée.

La séquence 12 trouve son unité dans un espace direct (notamment dans le geste de montrer) et un temps soudain, qui s'accélère au fur et à mesure, et s'oppose à la séquence suivante, où le temps est très soutenu. Les ports de bras dans cette dernière séquence traversent différents plans de l'espace, jouant de la fixité du centre du corps et d'une mobilité périphérique dans une relation indirecte à l'espace.

Ces descriptions ont pour but de montrer que chaque séquence met en place une qualité et une dynamique de mouvement fortement marquées, dans lesquelles s'installe rapidement le spectateur, ainsi qu'un rythme d'énonciation spécifique. Si, comme le souligne Anne-Claire Désesquelles, le rythme est une projection du sujet qui mémorise et anticipe des récurrences et variations, ici, chaque séquence a son rythme propre, composé de qualités d'effort, qui permet de la ressentir comme une unité au sein de la chorégraphie : le spectateur appréhende la suite jusqu'au changement, la « chute », comme celle des cartons, qui marque le début d'une autre logique rythmique. Les transitions fonctionnent alors comme des ruptures, qui provoquent l'étonnement du spectateur et permettent d'entrer dans un rythme nouveau[1].

---

[1] DESESQUELLES Anne-Claire, *Au rythme de la vie*, op.cit., p. 17 et pp. 23-24.

4.   Gestuelle et énonciation

Lorsque, au début de cette partie, j'ai évoqué le traitement du souffle dans *Museum of nothing* et d'autres chorégraphies mettant en scène des paroles, j'ai remarqué que la naissance du mot articulé pouvait se faire au détour d'un souffle de la danse, comme si les phonèmes pouvaient s'immiscer dans une respiration, parfois de façon très ténue, à peine perceptible, donnant l'impression qu'il n'y a entre souffle et parole pas de différence de nature mais de degré d'articulation ; le langage habite alors presque la danse de façon latente, il suffit d'un rien pour que le souffle du danseur ne s'articule en un phonème, puis en un mot, qu'on reconnaît comme signe.
Un effet symétriquement inverse existe chez Fanny de Chaillé : il s'agit de la mise en mouvement du corps à partir de l'articulation linguistique. La parole, est, on le sait, un geste à part entière, qui engage au minimum l'appareil articulatoire : je renvoie à l'ouvrage de Michel Bernard *L'Expressivité du corps* pour une approche psychomotrice de l'articulation, en particulier dans la façon dont s'en est emparée la psychanalyse[1]. Il n'est donc pas étonnant de penser que ce geste peut s'étendre au reste du corps mû par l'impulsion de l'effort d'articuler, ce qui ouvrirait un large potentiel de composition de littéradanse : il s'agirait de reprendre et d'amplifier les mouvements du corps en partant de ceux qu'il produit pour parler. Dans un autre domaine, la sémiotique a largement étudié la participation de l'ensemble du corps à l'acte d'énonciation, faisant du corps, selon la formule de Jacques Fontanille, « l'opérateur primordial de la semiosis »[2] : il s'agit d'une approche plus

---

[1] BERNARD Michel, *L'Expressivité du corps, op. cit.*

[2] FONTANILLE Jacques, *Soma et Sema. Figures du corps*, Maisonneuve & Larose, Paris : « Figures sémiotiques du corps : L'enveloppe et la chair mouvante », p. 135. Charles Bally remarquait déjà la correspondance entre les mouvements corporels

signifiante de la gestualité, qui appuie le propos du locuteur, de façon plus ou moins ténue. Ces mouvements, qui sont ceux qu'effectue et accentue le comédien lorsqu'il parle sur scène, peuvent légitimement, comme tout autre mouvement, être agencés chorégraphiquement, devenir danse. C'est ce que fait Fanny de Chaillé dans *Le Groupe*, où les gestes que l'on voit sur scène sont souvent des modulations de gestes d'énonciation. Je distinguerais deux niveaux de cette gestuelle : celle qui est déictique, qui sert à ancrer l'énoncé dans la situation d'énonciation, par exemple le geste de montrer, que l'on retrouve dans les séquences 2 (où tous les interprètes ensemble montrent la lettre, actualisant le possessif « cette ») et 12, où Guillaume, suivi des autres qui reproduisent en léger décalage ses gestes, désigne dans l'espace scénique et extrascénique, par des gestes ou des regards, les termes de l'énumération qu'il énonce, de façon à faire exister ce paysage imaginaire. Le geste se situe alors au niveau symbolique du texte, il permet de faire le lien entre la diégèse et la situation d'énonciation, et nous nous trouvons à un niveau référentiel comparable à celui que j'ai mis en relief dans la première partie de cette étude. L'autre endroit de la gestuelle énonciative se situe dans les gestes qui naissent de l'effort produit par l'articulation : une hésitation qui s'accompagne d'un mouvement de main, le fait de pousser la voix qui s'accompagne d'une marche ou d'une ouverture du sternum, etc.

Ces deux formes de gestuelle comme prolongement de la parole et de son intention sont celles qui sont au travail dans l'art dramatique. Le moment où elles deviennent 'dansées' est alors ténu et difficile à déterminer. Il me semble qu'on peut le voir au moment où une attention particulière est portée à la qualité de réalisation du geste, et à son agencement dans le temps et dans l'espace, qui se matérialise

---

effectués au cours de l'énonciation et ceux des organes vocaux : « il faut noter qu'instinctivement nos organes vocaux exécutent *mutatis mutandis* les mêmes mouvements symboliques que nos bras, nos mains, etc. Nous les ouvrons pour marquer la grandeur, nous les rapprochons pour marquer la petitesse ; la longueur nous fait projeter en avant, et ainsi de suite... » BALLY Charles, *Linguistique générale et linguistique française*, Berne, Francke, 1965, pp. 130-131.

notamment par des phénomènes de répétition. On peut mesurer cette distance dans la séquence 9, lors de laquelle Christine parle, accompagnant son énonciation d'une gestuelle théâtrale : une légère rotation du poignet droit sur le début du texte « il m'arriva de vouloir réprimander ma fille », puis un mouvement très ténu de l'épaule droite vers le haut sur la fin de la phrase : « vouloir lui montrer la nécessité de dire toujours la vérité ». Sur la phrase suivante, l'articulation des mots accentués (en gras) provoque une ouverture du sternum, qui, se répercutant dans les épaules, descend jusqu'aux bras qui tournent très légèrement en dehors : « Les notions qui me vinrent à la **bouche**↑/ prirent une **coloration** si **changeante**↑ ». Les gestes ne sont pas fixés : amenée à reprendre son texte par bribes à cause des interruptions de ses partenaires, Christine ne produit pas exactement les mêmes mouvements : cette même phrase est reprise avec une rotation de la main droite en dehors sur le mot « les notions ». On le voit, ces gestes que nous n'identifions pas comme dansés sont des gestes qui accompagnent l'effort d'articulation, rendu plus intense en situation scénique pour être entendu et vu par les spectateurs. La supination externe qui caractérise les mouvements que j'ai observés correspond à l'acte d'accentuer un mot en 'poussant la voix', l'ouverture provoquée ayant pour base celle du sternum[1]. Ces mouvements sont ténus et ne semblent pas tout à fait conscientisés, en tout cas pas fixés dans leur forme, même si l'intention qui les produit est toujours la même. Comme nous le verrons plus loin avec l'exemple de *Museum of nothing*, c'est leur absence qui apparaît comme décalée par rapport à ce que nous percevons comme une norme. Au contraire, lorsque les partenaires de Christine, dans cette même séquence, sur le prénom de la fille du narrateur et les mots « dont elle s'était rendue coupable », « ce faisant », « dévidant tant bien que mal ma phrase jusqu'au bout » lui proposent d'autres gestes qu'elle intègre dans son énonciation, ceux-ci se décalent sensiblement par rapport à l'effort d'articulation. Ils sont exagérément

---

[1] Je ne m'étends pas sur cette question qui dépasse mon sujet d'étude, mon propos étant juste de remarquer la différence qui existe entre deux gestuelles.

amples et déconnectés de l'effort du dire, ce qui participe du décalage humoristique[1]. L'attention portée à la précision de leur réalisation, à leur forme que Christine reproduit presque à l'identique, et les très fortes variations dans la qualité d'effort les rapprochent de phrases dansées, créant un étrange mélange entre une corporéité parlante et dansante.

De même, le geste de montrer devient chorégraphique car dans toutes ses occurrences, il est effectué par tout le groupe en même temps : soit dans une simultanéité temporelle parfaite (séquence 2), soit en léger écho (séquence 12). Ainsi défini dans le temps et l'espace, il perd toute illusion de spontanéité, on ne perçoit pas la conformité à une intention, mais l'attention du spectateur se déplace sur le geste lui-même, démultiplié. Dans cette même séquence, Guillaume effectue des déplacements latéraux en parlant, juste après l'énumération. Ces allées et venues sont issues de celles que l'on peut associer à l'énonciation empressée de quelqu'un qui parlerait fort en occupant un espace étendu par des gestes amples et une marche rapide, par exemple sous le coup de la colère. Mais, très vite, on s'aperçoit du subterfuge : la marche de Guillaume est très précisément mesurée, et, à chaque demi-tour, il effectue un mouvement de bassin identique ; de plus, les autres interprètes réitèrent derrière lui le même déplacement : nous sommes passés du côté de la danse. Nous voyons à l'œuvre cette tendance à faire de la danse avec des mouvements d'énonciation, qui répond parfaitement au traitement rythmique de la parole. Il y a donc un rythme qui se crée non plus tant par croisements fluctuants entre les phrases, comme nous l'avons vu chez Daniel Dobbels, mais plutôt dans l'osmose et la discordance de l'articulation linguistique et des autres gestes, qui vont jusqu'à la danse. A certains moments, l'énonciation semble guider le corps entier, puis, parfois, il y a un écart, soit de l'ordre de l'exagération, soit de l'ordre de la contradiction[2].

---

[1] Je complète plus loin cette remarque en considérant l'écart entre les signifiances gestuelle et verbale.

[2] J'insiste sur le fait que ce point ne se situe pas à l'endroit du sens : qu'il y ait dissociation entre le sens du geste et le sens des mots prononcés est très courant dans

Ce parti pris, qui établit un va-et-vient constant entre des corporéités parlantes et dansantes, est à l'inverse de celui de Bagouet dans *Meublé sommairement* où le maintien de la comédienne l'oppose sensiblement aux danseurs, comme l'a bien montré Isabelle Ginot, la plaçant dans un autre univers[1]. De même, dans *La Place du singe*, Christine Angot assume une corporéité d'auteure, se distinguant de celle de Mathilde Monnier.

Qu'en est-il de *Museum of nothing* où la partition gestuelle est partagée entre le corps parlant et le corps dansant ? Dans cette chorégraphie, la prise de parole se caractérise, au même titre que la première partition dansée, par son minimalisme. Tous les effets corporels qui accompagnent l'énonciation sont gommés, les corps de Jonah comme d'Antoine quand ils parlent sont *étrangement* statiques, formant des tableaux sonores à peine mouvants, dont le point culminant est atteint à la fin de la chorégraphie, où Antoine reste immobile, n'articulant plus son texte qui est diffusé en voix off. Cette immobilité du corps parlant ne saurait donner l'illusion de la spontanéité et refuse toute forme de théâtralisation dans la prise de parole, comme nous le verrons plus loin à propos du ton récitatif. Il y a à cet endroit un vrai travail corporel d'épuration, d'immobilité, qui, si on l'associe à l'attention extrême de la composition spatiale et à la présence de mouvements minimalistes et de déplacements très précis, doit être considéré comme relevant du champ chorégraphique, considérant que rester statique est un geste à part entière. On pourrait alors comparer cet effet de composition à celui, extrême, de Fabrice Lambert et Gaëlle Obiegly dans *l'Incognito* où l'auteure est assise, sans bouger, sur un fauteuil, durant toute la représentation[2]

---

le théâtre et dans l'énonciation quotidienne. Ce qui se joue ici de plus intéressant, c'est qu'il y a dissociation au niveau des énergies corporelles, quand le mouvement du corps ne semble plus du tout mû par l'énonciation en cours.

[1] GINOT Isabelle, *Bagouet, un labyrinthe dansé*, op. cit., p. 216.

[2] *L'Incognito*, création pour le festival *Concordan(s)e* 2015, Fabrice Lambert et Gaëlle Obiegly.

Pour résumer, nous pouvons dire que le rythme dans *Le Groupe* de Fanny de Chaillé est marqué par des variations de l'espace interpersonnel, un jeu de répétitions spatio-temporelles qui touche la voix autant que les mouvements, et la succession de séquences brèves qui sont identifiées par des qualités dynamiques spécifiques.

En ce qui concerne mon point d'intérêt, le croisement du texte et du mouvement dansé, cette entrée dans la chorégraphie par son rythme nous permet de constater que la prise de parole fait partie intégrante du rythme du spectacle : elle participe, à tous les niveaux (organisation de l'espace, répétitions, dynamiques des mouvements), du rythme[1]. Ce traitement de la parole se fait en grande partie au détriment de la signification générale du texte : le spectateur ne peut pas suivre de façon linéaire les propos de la lettre à cause du découpage très marqué des séquences, des reprises constantes qui font perdre le fil du propos, des interruptions, et de quelques parties où il devient inaudible car plusieurs propos différents se superposent, car il est chuchoté, ou encore parce qu'il entre en concurrence avec la musique. Un échange entre Guillaume et Manuel thématise ce parti pris : alors que Guillaume prend la parole par-dessus la musique, Manuel l'interrompt de la régie pour lui signifier qu'il risque de ne pas être entendu ni compris. Guillaume n'entend pas la remarque et continue sa déclamation en affirmant que la musique l'inspire et en incitant Manuel à en monter le volume. Ainsi, la concurrence sonore est assumée, le spectateur est invité à entendre le résultat de cette superposition plutôt qu'à chercher à comprendre un texte dont

---

[1] Laurence Louppe cite déjà Meredith Monk en ces termes et souligne que pour elle, la voix fait partie du geste, et « s'enfante avant tout dans une conscience du corps propre au corps dansant ». Encore une fois, par opposition à cet exemple, la particularité de la littéradanse est de juxtaposer plutôt que de hiérarchiser : si la voix participe du mouvement, le texte, lui, reste indépendant, même chez Fanny de Chaillé : il ne s'écrit pas « par la danse », même s'il est choisi « pour la danse ». LOUPPE Laurence, *Poétique de la danse contemporaine, op. cit.*, p. 90.

l'intelligibilité serait privilégiée par d'autres choix de mise en scène[1]. Le texte prononcé est traité comme une matière corporelle et sonore, à mi-chemin entre la musique et la danse.

Enfin, cette approche nous donne un éclairage nouveau sur l'ancrage générique de la pièce. On peut dire qu'à certains endroits, elle mobilise des compétences qui appartiennent plus aux interprètes de théâtre que de danse : la première séquence est composée d'une gestuelle dramatique qui accompagne l'énonciation ; les séquences 3 et 12 relèvent d'une gestuelle proche du mime, qui consiste à faire exister par l'intention et le regard un environnement fictif. Le travail sur la parole, les intonations, la différence entre la déclamation et le mimétisme d'une parole spontanée, les intentions et les regards qui régissent les relations muettes entre les membres du groupe, tout cela appartient clairement à l'art dramatique. D'autres compétences semblent plus proches de celles que maîtrisent les artistes chorégraphiques : les ensembles de mouvements, les répétitions à l'identique d'une phrase gestuelle, la précision formelle et qualitative des gestes[2]. Ainsi à l'autre opposé, les séquences 7 et 10 semblent dansées

---

[1] Ce que confirme Fanny de Chaillé qui précise qu'elle a volontairement rendu inaudibles certaines parties du texte.

[2] Si on me permet ici de faire référence à ma propre expérience, j'ai, à l'occasion d'une création chorégraphique sur les *Sonnets* de Shakespeare demandé à un comédien, formé au conservatoire d'art dramatique, de mémoriser et d'apprendre très précisément les gestes et les déplacements qu'il produisait spontanément en déclamant le texte, afin de pouvoir par la suite les apprendre à une danseuse qui devait le « doubler » corporellement avec des variations. Or, ce travail, s'il est apparu absolument évident à la danseuse qui, pourtant, reproduisait des gestes *dits* théâtraux, a semblé extrêmement difficile, voire au début impossible, au comédien, qui pourtant était capable de redire exactement le même texte avec une gestuelle comparable au niveau des intentions. Mais en revanche, des détails pour lui non signifiants, comme le pied d'appui, la direction précise d'un pas ou l'orientation de son corps ne lui restaient pas en mémoire, car ce n'est pas sur cet aspect qualitatif du geste que sa formation l'avait habitué à travailler. Il y a, dans la production d'ensembles ou dans la répétition à l'identique d'une phrase de mouvement, une

beaucoup plus que jouées. On pourrait dire que la 12 évolue et passe du mime vers une danse de groupe. D'autres passages, comme la deuxième séquence, semblent ne pas se laisser classer en fonction de ces compétences. Ils sont plus proches du jeu gestuel et verbal qui rapproche Fanny de Chaillé, comme l'annonce le programme de la pièce, du mouvement littéraire de l'Oulipo[1].

La question du classement générique en fonction des compétences n'est pas anodine dans l'économie du spectacle car elle détermine le profil artistique des interprètes : demande-t-on à un danseur de savoir parler sur scène ? A un comédien de savoir mémoriser et répéter à l'identique une phrase gestuelle, et d'être capable de maîtriser différentes qualités de mouvements ? Il est légitime également pour le spectateur de définir la frontière entre les genres d'après les états de corps et les compétences des interprètes, selon que le travail qu'il voit sur scène lui apparaît comme relevant plutôt d'une maîtrise de la danse ou d'une maîtrise du théâtre. Dans cette optique, le choix de Fanny de Chaillé est de se situer à la frontière entre les genres et de produire ce que nous pourrions appeler de la « danse-théâtre », ou encore, selon le point de vue, échapper à l'un et à l'autre en empruntant à chaque art des compétences spécifiques[2].

Toutefois, si nous quittons cette optique des compétences pour nous recentrer sur la composition de la pièce, force est de reconnaître qu'elle

---

compétence qui est plus proprement dansée que jouée ... même si les gestes reproduits semblent être des gestes théâtraux.

[1] On peut lire dans la présentation du *Groupe* au festival d'automne ces actes programmatiques : « diviser corps, voix, souffle, ponctuation pour les répartir sur plusieurs acteurs peut-être, décortiquer le texte à la façon d'une partition musicale sans doute... Inventer des délires linguistiques, des constructions oulipiennes et d'improbables carcans ».

[2] D'ailleurs, certains de ses interprètes viennent du théâtre et d'autres de la danse contemporaine. Fanny de Chaillé se revendique plutôt de la chorégraphie, tout en précisant que cette question générique n'est pas vraiment un problème pour elle. Voir entretien en fin d'ouvrage.

est plus proprement chorégraphique[1] : tous les éléments, qu'il s'agisse des gestes de compétence dansée, de compétence théâtrale, du texte, de la musique, de la parole, sont comme des matériaux chorégraphiques qui participent d'une mise en forme du mouvement, qui jamais ne se trouve subordonné à une trame narrative ni à une quelconque psychologie des personnages. Le texte se trouve désémantisé pour se plier au rythme de la composition. Ainsi, quelle que soit la diversité de ses interprètes, Fanny de Chaillé propose, à mon avis, dans cette œuvre, une façon spécifiquement chorégraphique de traiter la parole. Dans ce sens, cette pièce est bien une chorégraphie de littéradanse, qui nous montre à quel point la parole en tant qu'acte peut devenir, comme n'importe quel geste amené sur scène, un geste 'dansant'. Participant du rythme, parler participe donc des énergies qui se dégagent de la danse : chez Daniel Dobbels, dans les échos qui se jouent entre le rythme de la prose et le rythme de la danse ; chez Fanny de Chaillé, dans la matérialité de la prise de parole qui participe pleinement de la corporéité.

Enfin, nous pouvons dire que, dans cette chorégraphie, la parole est façonnée, rythmiquement, par l'organisation chorégraphique de la gestuelle, et, à l'inverse, la qualité de mouvement semble souvent avoir pour point de départ l'énonciation[2] ; dans de nombreuses séquences,

---

[1] Ou poétique, si on reprend la comparaison avec l'Oulipo. On touche ici au point où la poésie et la chorégraphie se rejoignent dans leur façon de faire du rythme avant de faire signe. Il est encore une fois intéressant de lire à ce sujet ce qu'en dit Fanny de Chaillé.

[2] Sur ce mode de relation très corporel entre danse et langage, on peut lire le bel entretien de Simone Forti par Marie Canet dans lequel la chorégraphe évoque sa façon d'improviser de la parole et de la danse. Elle dit notamment : « Je suis plus intéressée par la relation entre cette sorte d'intelligence que nous avons et qui travaille la structure du langage, du langage parlé, et la manière dont nous y répondons avec notre corps, au point parfois de produire des modèles ou des idées avec le corps. Nous le faisons lorsque nous parlons, en faisant des gestes en même temps – et même souvent des gestes inattendus. Je suis en train de produire des gestes alors que je vous parle, et, cela, tout en cherchant comment je peux vous

geste et parole participent de la même rythmicité, comme dans la cadence de la onzième séquence. Plus rarement, et notamment dans les sixième et septième séquences, la danse et la parole se disjoignent, formant deux partitions juxtaposées. Mais alors, j'ai noté une réelle influence de la parole sur la façon dont, en tant que spectatrice, je perçois le rythme de la danse : le changement de mode d'énonciation modifie considérablement ma façon d'appréhender les phrases et les séquences, de placer les accents. Et c'est également ce qui m'est apparu d'emblée en étudiant les chorégraphies de Daniel Dobbels : dans ces pièces au rythme si fluant, la superposition de la parole et de la danse modifie ma perception de l'une et de l'autre, dans un jeu d'entrelacs. Dans *Museum of nothing*, le rythme s'organise en tableaux vivants qui à chaque fois associent un positionnement scénique et un mode d'énonciation (une relation spécifique entre le présent diégétique et la situation d'énonciation).

Il y a dans nos trois exemples trois façons un peu différentes de superposer danse et parole, qui entretiennent une plus ou moins grande proximité de souffle : chez Daniel Dobbels, nous ressentons deux souffles distincts qui se croisent ; chez Fanny de Chaillé, il y a la plupart du temps une communauté de souffle, parce que le locuteur est celui qui danse, et parce que les autres membres du groupe, lorsqu'ils dansent avec lui, même s'ils ne parlent pas, entretiennent des relations gestuelles suffisamment proches pour partager un souffle commun. La proposition d'Antoine et de Jonah se situe entre les deux, jouant, nous l'avons vu, avec une thématisation du souffle qui rapproche ou éloigne les deux interprètes.

Je remarquerai, sans m'y attarder pour le moment, que la question du sens n'a pas été évincée avec celle du référent diégétique : d'abord, parce que, dans toutes les analyses de phrases, le sens de la parole a participé à déterminer un rythme ; le simple fait de reconnaître un phonème, donc une parole, plutôt que du souffle,

---

dire les choses. » Voir CANET Marie, « Entretien avec Simone Forti », *in Danse contemporaine et littérature, op. cit.*, p. 158.

présuppose d'octroyer au son qu'on entend une valeur signifiante, même si ce signifiant est parfois incompréhensible, c'est-à-dire impossible à associer à un signifié et à un référent. Une pièce comme *Issê Timossé* de Bernardo Montet, par exemple, où le texte de Pierre Guyotat est écrit « en langues », c'est-à-dire dans un mélange de langues du monde, nous fait entendre une parole qui fait signe, même si on ne sait pas toujours vers quoi. Par rapport à un texte immédiatement intelligible, on entend dans une telle proposition beaucoup mieux l'importance des éléments proprement rythmiques du langage : les intonations, le souffle, la puissance de la voix, la texture des phonèmes qu'on reconnaît comme langue bien qu'elle soit inintelligible : il s'agit d'un exemple extrême et abouti de la volonté de rendre le signe opaque pour mieux le désigner comme tel, au lieu de le laisser disparaître derrière la réalité référentielle qu'il contribue à façonner. Ensuite, parce que les croisements rythmiques eux-mêmes, et *a fortiori* dans le contexte surdéterminé du spectacle où le spectateur est aux aguets de tout ce qui peut participer du signifiant, font sens. Non pas de façon claire et diaphane comme la diégèse vers des univers référentiels, mais vers une idée, quelque chose de parfois ténu. Qu'il s'agisse de l'impression d'une déformation mutuelle incessante chez Daniel Dobbels, d'une idée de rencontre chez Antoine et Jonah, d'une cohésion et dissociation du groupe chez de Chaillé, il y a trois qualités rythmiques qui ont trois teintes et trois sémantismes bien distincts : le rythme semble, plus que la construction de l'univers référentiel diégétique, fonder l'identité de chacune des pièces, définir sa couleur propre, esquisser son parti pris.

A une analyse qui prenait pour point de départ l'univers référentiel construit par la danse et le texte, j'ai pu faire succéder une approche qui part du rythme des chorégraphies, dont nous pouvons voir qu'il se façonne différemment pour chacune d'entre elles, participant de leur singularité et de la façon spécifique dont se croisent le langage et les mouvements. Dans la première partie de cette étude, j'ai essayé de montrer que le mouvement participait, au même titre que la parole, à faire signe vers un référent extérieur. Cette seconde partie développe l'idée inverse : la parole, au même titre que le mouvement, fait rythme, et peut se traiter de façon chorégraphique. Peut-être est-il alors possible de déplacer légèrement les limites que nous mettons intuitivement entre « parole » et « geste » et considérer que la limite se situerait plutôt entre « rythme » et « signe », pour distinguer ce qui relève de l'organisation dans le temps et l'espace de la matière corporelle de l'endroit où cette matière renvoie à un ou des univers référentiels. Le texte qui est dit sur scène comme la partition gestuelle exécutée lors du spectacle participent au même titre de l'un et de l'autre. Arrive-t-on alors à un aplatissement dans lequel il ne serait plus possible, dans les chorégraphies étudiées, de distinguer la nature du texte de celle de la danse, postulat dont pourtant j'ai essayé de me garder en invoquant la posture très tranchée de Meschonnic à ce sujet, qui s'inscrit contre toute assimilation des différents domaines du rythme, et en insistant sur l'autonomie que conservent les rythmes verbaux et gestuels ? Rappelons que pour cet auteur, le rythme du langage s'oppose au signe et à sa transparence (mais pas au sens), et permet l'émergence du sujet dans l'organisation même de la parole. Cette idée rejoint la remarque que j'ai pu faire en constatant que cette deuxième partie nous permet de mieux rendre compte de la teinte particulière à chaque chorégraphie, alors que l'étude référentielle nous amenait dans des voies plus systématiques.

J'aurais presque envie, à cet endroit du parcours, de considérer qu'il n'existe dans ces pièces qu'un seul rythme, celui du croisement de deux matières, dansée et verbale. Ainsi, la superposition deviendrait une qualité de phrasé, au même titre que peut l'être la concurrence (lorsque les phrasés parlé et dansé sont alignés) ou le caractère consécutif (lorsqu'ils se succèdent). Cette optique nous parlerait d'une perception dans laquelle il serait vain de penser la danse indépendamment de la parole dès lors que les deux sont mises en présence. L'acte de littéradanse n'est alors pas tant celui de composer une danse sur le rythme d'une parole, ni un texte sur le thème d'une chorégraphie, mais bien celui de *mettre ensemble*, de rendre présents, d'une façon ou d'une autre, danse et texte. On trouve une illustration extrême de cet acte dans l'*Incognito* de Gaëlle Obiegly et Fabrice Lambert précédemment cité. Le chorégraphe décrit ainsi la création de la pièce :

> Nous nous sommes retrouvés à Rome à la Villa Médicis où Gaëlle était pensionnaire. Elle me proposa d'enregistrer à deux voix, la sienne et la mienne, la totalité du texte créé (…). Ce dialogue, une fois enregistré, durait 28 minutes. C'était le temps que durait ma dernière partition chorégraphique « D'eux#2 », pièce sur la disparition du corps, que je dansais la peau entièrement recouverte d'un zenati (…). Nous avons eu alors cette tentative de confondre dans la même durée le texte enregistré et la partition chorégraphique[1].

Un tel témoignage, volontairement désinvolte à l'endroit du travail de création qui aurait juste consisté à reprendre une matière existante, met en exergue la séparation de trois temps : l'acte d'écrire, l'acte de chorégraphier, puis l'acte de rassembler sur scène. La littéradanse n'est dans cet exemple que le troisième temps : le texte comme la chorégraphie existent déjà avant, et le résultat est co-signé. Cet acte est assumé comme un acte artistique à part entière : le titre de l'œuvre ainsi créée n'est ni celui du texte ni celui de la chorégraphie d'origine. Et pourtant, malgré la volonté affirmée de ne chercher de correspondance que dans la co-présence, lorsque j'ai vu ce spectacle,

---

[1] LAMBERT Fabrice, « L'Incognito », in MUNNIER Jean-François (dir.), *Concordan(s)e 4, une aventure singulière où un écrivain rencontre un chorégraphe*, L'œil d'or, Mémoires&Miroirs, 2016, p. 103.

j'ai vu (ou créé) des points de liaison entre la danse et le texte : au niveau sémantique, la description que fait Gaëlle Obiegly des gestes mimiques d'une deuxième personne « tu fais craquer tes doigts, tu hausses les sourcils, tu tournes sept fois ta langue dans ta bouche, tu mordilles tes lèvres » entre en résonance avec le corps entièrement masqué de noir que nous voyons danser, comme si la description dessinait sur cette ombre vierge des traits humains ; au niveau référentiel de l'énonciation, le spectateur a tendance à associer l'ombre au « tu ». Au niveau rythmique, les phrases de Lambert, caractérisées par l'alternance très marquée de flux libre et contraint et de temps soudain et soutenu, entrent en relation avec l'énonciation neutre du texte, les longues pauses, l'alternance des locuteurs. Ici se révèle de façon intéressante le spectateur comme sujet du rythme, au moins autant que les auteurs, car c'est bien lui qui crée en partie, par la synthèse de son regard, de sa réception, les correspondances entre ce qu'on lui donne à percevoir simultanément[1]. Cependant, il ne s'agit pas non plus de restreindre l'importance du sujet-chorégraphe : dans les pièces de Daniel Dobbels et de Fanny de Chaillé notamment, le travail minutieux effectué sur les mises en présence de la danse au texte et du texte à la danse, le choix même des textes à chorégraphier, sont le fruit d'une

---

[1] Dans le registre un peu différent où la parole est celle de l'entretien, j'aimerais citer les improvisations dansées de Nathalie Collantes et Julie Salgues sur des enregistrements de conversations avec Jacqueline Robinson. Dans cette création, les entretiens sont diffusés au hasard pendant la performance, et, interrogée à ce sujet, Nathalie Collantes déclare même ne pas les entendre : « enfin, je peux ne plus entendre Jacqueline Robinson », déclare non sans provocation la danseuse. Julie Salgues a, quant à elle, un point de vue plus nuancé, et dit pouvoir se laisser influencer dans ses improvisations par la voix diffusée. Cependant, la parole de Jacqueline Robinson a influencé en amont la danse de Collantes et Salgues, puisqu'elles s'en sont nourries pendant tout le processus de création : il y a un double mouvement d'appropriation et de mise à distance. Lors de la performance, c'est le spectateur qui met en relation la danse et la parole, créant des points de jonction rythmiques et sémantiques, qui peuvent advenir parce que la parole a été, très en amont, une nourriture pour les improvisatrices.

écriture donnée comme telle et ne se laissant pas réduire au hasard et au regard du spectateur[1]. Il y a un fort dialogue entre la subjectivité de l'écriture qui propose des mises ensemble, et celle du spectateur qui construit, par sa réception simultanée, une unité dans l'œuvre.

Dans la troisième partie qui va suivre, je propose de reconsidérer ce qui se joue au niveau du sens, non plus en tant que signe vers un référent diégétique, mais en tant que mouvement : un sens qui serait pris dans son élan de signification sans l'accomplir tout à fait, qui s'arrêterait en chemin ou se fraierait plusieurs chemins possibles. Or la subjectivité du spectateur que je viens de mettre en lumière joue un rôle tout à fait primordial dans cette composition du sens, qui se joue, comme le rythme, dans le présent de la représentation, et qui demande de prendre en compte ce qu'en tant que spectatrice je projette dans ce que je perçois.

---

[1] C'est en tout cas mon impression. Dobbels revendique cette part de « hasard » dans la rencontre du texte et de la danse.

3 vers une signifiance kinésique

Guillemette Bolens, au début de son ouvrage intitulé *Le Style des gestes*, distingue les adjectifs « kinésique » et « kinesthésique », le premier relevant de la perception qu'on a d'un geste, et le second de la sensation du geste effectué[1]. La kinésie évoque donc ma perception de spectatrice devant un mouvement dansé.

L'objet de cette partie sera de montrer que cette sensation, dans un spectacle de littéradanse, ne s'arrête pas au mouvement, mais qu'elle concerne le langage. Je pense avoir déjà pu établir que, dans son effort d'articulation, la parole se percevait *aussi* comme un geste (et la danse, comme n'importe quel mouvement *aussi* comme un signifiant). Ce qui m'intéresse alors est de voir si je peux me situer entre le rythme et le signe, et montrer la façon dont les chorégraphies que j'étudie font du sens même un mouvement.

Cependant, avant d'en arriver à ce point, je voudrais revenir sur la notion de mise en présence, que j'ai définie, au terme de la seconde partie, comme l'essence de l'acte de littéradanse car c'est elle qui pourra nous conduire, au détour de la présence matérielle du texte dans le mouvement et de la présence symbolique du mouvement dans le texte, à ce sens- mouvement.

---

[1] BOLENS Guillemette, *Le Style des gestes : corporéité et kinésie dans le récit littéraire*, op. cit.

I. Présences

Nous avons déjà vu que la parole était présente à la danse dans une communauté de souffle qui se joue au niveau de l'entrelacement des phrases, comme chez Dobbels, ou par l'intime participation de la voix au mouvement chez Fanny de Chaillé. D'autres modes de présence sont à l'œuvre dans nos chorégraphies, à commencer par le texte mis en scène, au-delà de sa prononciation, comme objet matériel.

1. Écritures

Le décor du *Groupe* de Fanny de Chaillé est composé d'une lettre géante qui occupe le centre de la scène, que déplient et ouvrent les interprètes, en extrayant des cartons rectangulaires sur lesquels sont écrits des mots tirés du texte de Hofmannsthal. A la fin de la pièce, les cartons jonchent le sol et sont étalés dans l'espace scénique.
Deux séquences mettent visuellement en scène l'exhibition de ces cartons : dans la cinquième, les mots sont disposés autour de Grégoire au fur et à mesure qu'il avance, formant comme un décor ou comme des appendices de son corps. Enfin, en écho à l'anaphore « en eux, je voulais disparaître », les mots deviennent un barrage que Grégoire détruit en les faisant tomber. Dans la onzième séquence, les mots passent latéralement de mains en mains, composant des phrases qui rappellent des énoncés prononcés au cours de la pièce, mais en les simplifiant et les actualisant au présent. La séquence, nous l'avons

vu, est cadencée, et le sens des mots écrits entre en concurrence avec le texte prononcé par Grégoire (nous verrons plus loin l'effet de sémantisation spécifique à cette séquence). A la fin, c'est Guillaume qui reste avec les cartons « être » et « quelque chose » tandis que les autres partent, jusqu'à ce que les « mots l'abandonnent », comme le dit le texte. Comme dans la séquence précédente, les mots écrits sont intégrés au mouvement d'ensemble : dans cette chorégraphie, ils participent pleinement de la dynamique corporelle, comme la parole. Ils sont traités plastiquement comme des accessoires, voire comme des prolongements du corps, et mis en mouvement, notamment par la chute. Leur agencement contribue au rythme spatial de l'organisation scénique.

Museum of nothing propose également une introduction de l'écrit dans la chorégraphie. Une première présence, qui s'inscrit dans la thématique des temporalités multiples, est celle du journal que l'on voit apparaître : un exemplaire du *New York Times* de 1974. Le journal évoquant l'actualité, on aperçoit encore une fois la multiplicité des présents qui coexistent sur la scène. Une autre manifestation m'intéresse davantage ici : à la fin de la pièce, après la partie du voyage, Jonah distribue au public une feuille sur laquelle est retranscrit un extrait du texte que nous avons entendu au cours de la représentation, et figure un dessin sur lequel nous reconnaissons un corps. Ce don final forme un effet de clôture : au début de la pièce où les interprètes s'adressent, à la suite d'Euripide et Beuys, « directement au public », répond cette fin lors de laquelle on distribue une trace de la représentation au public. L'écrit n'est alors pas comme dans *Le Groupe* un prolongement du corps mais de la représentation elle-même, il focalise la mémoire que le spectateur a de la pièce.

Dans les deux cas, il y a une présence matérielle du langage qui passe par la physicalité de l'écriture ; celle qui, au-delà de la parole, fixe par des signes alphabétiques le langage, qui fait trace, et qui, par sa matérialité, devient objet, se détache du sujet parlant pour en devenir un reste, une sorte de résidu.

Chez Daniel Dobbels, l'écriture n'est pas matérialisée sur scène, sauf à considérer que les mouvements de Carole Quettier forment par moments un alphabet étrange : c'est de façon symbolique, par le biais de la parole qui réfère à la danse, que l'écriture est représentée dans *La fille qui danse*, car le narrateur ne cesse de faire allusion au texte qu'il lit, donc au support écrit, dont il commente à un moment donné la forme des lettres :

> il m'arrive de déceler une analogie entre les signes noirs du texte en contraste sur le fond clair du papier et l'ombre portée et découpe sombre sur la pâleur d'une surface qui fait écran. Je me demande si les signes graphiques ne sont pas tout autant que l'image, des ombres. Et si au lieu d'être figés, immuables, immanquablement identifiables, ils ne se présentent pas eux aussi comme des formes mouvantes plastiques, insaisissables qu'il faudrait déchiffrer au hasard d'une éphémère conformité aux lettres d'un alphabet.

Par analogie à l'image (l'ombre portée est celle de la forme mouvante que le narrateur croit apercevoir par le truchement d'un écran), le spectateur-auditeur peut établir un lien entre cet alphabet et les différentes formes que prend à ce moment-là le corps de la danseuse qu'il voit sur scène. Or, si le texte décrit par le lecteur est le texte lu, c'est au texte que Fleischer a écrit avant la représentation qu'il nous renvoie.

Cette écriture, faisant allusion au texte qui préexiste au spectacle, n'est pas exactement la même que celle que j'ai commentée : il s'agit plutôt d'une écriture de l' 'avant', qui précède la parole. Si trace il y a, c'est une trace du passé au moment du spectacle, comme l'est *aussi* en partie le *New York Times* de 1974 dans *Museum of nothing*, ou encore, dans cette même chorégraphie, le texte d'Antoine lui-même, écrit sur des feuilles qui jonchent le sol, et dont s'emparent les interprètes au cours du spectacle, pour les lire[1]. Cette autre écriture, celle de l'en deçà de la représentation, n'est finalement que la matérialisation de celle que l'on entend dans le ton 'récité' du texte que j'ai déjà eu l'occasion d'évoquer en première partie, lorsque j'ai remarqué le caractère 'écrit' de la danse et de la parole dans la qualité de présence, la précision et l'intonation du locuteur, qui laissait transparaître un 'avant' compositionnel.

Plusieurs chorégraphies qui utilisent du texte présentent cette particularité de choisir une prononciation à plat, sans intonation théâtrale. C'est également le cas lorsque le texte est soumis à une métrique comme chez Appaix ou chez Thomas Lebrun dans sa mise en scène de *Lieder* de Schubert, où les danseurs, dans la deuxième partie, récitent en chœur, sans intonation, les textes du compositeur, créant un contraste avec leur réalisation musicale, mais sans pour autant les théâtraliser : il s'agit d'un exemple intéressant de parole-matière qui n'est ni musicale, ni théâtrale, ni parlée, mais juste dite de la façon la plus neutre possible [2]. Tout se passe comme si les chorégraphes refusaient de donner l'illusion d'une quelconque spontanéité de la parole sur scène, mais au contraire soulignaient ce qu'il y a d'écrit dans les énoncés. Est-ce un simple refus de la 'compétence théâtre' au profit de la 'compétence danse' qui scelle le partage des genres ? Pas uniquement. Il s'agit de montrer le texte dans sa matérialité, le mettant en présence, sur scène, mais sans en actualiser le contenu ni donner l'illusion qu'il est dit au présent. Bojana Cvejic, dans un dialogue avec Anne Teresa De Keersmaeker au sujet de la chorégraphie *Elena's aria*, remarque que la présence du livre sur scène et le ton « clair et franc » de la lecture « renvoient à l'utilisation du texte comme matériau, juxtaposé à un autre matériau ». La chorégraphe répond :

---

[1] Ou, chez Fanny de Chaillé, l'apparition de l'objet livre dans la dernière séquence.

[2] Thomas Lebrun, *Lied Ballet*, création 2014.

> l'action qui consiste à s'emparer d'un livre pour y lire le texte plutôt que le proférer ou le réciter directement à l'attention du public s'accompagne délibérément d'une diction prosaïque. Si le texte provient d'un livre, nous voulons que vous sachiez que nous sommes en train de lire un fragment de livre, et nous vous le manifestons. [1]

On lit clairement dans ces commentaires le lien entre la présence de l'objet livre et le ton récitatif : tous les deux servent à rendre sensibles l'origine du texte et sa matérialité. C'est la physicalité d'un écrit en tant que matière qu'on introduit dans la chorégraphie, et non pas l'actualisation d'une parole sur scène. D'où aussi cette tendance à la mise en scène d'un auteur dans son rôle d'écrivain, comme le propose la totalité des pièces de *Concordan(s)e* que j'ai vues ou encore *La Place du singe* de Monnier et Angot. Dans ces exemples, on abolit le truchement du jeu : Angot, assise à une table et parlant d'elle et de son métier d'écrivain à la première personne, ne 'joue' pas, elle se raconte elle-même en tant qu'auteure, et le texte qu'elle a écrit pour la pièce acquiert une grande visibilité 'en tant que texte', il ne devient pas illusion de parole spontanée[2].

---

[1] DE KEERSMAEKER Anne Teresa & CVEJIC Bojana, « Elena's Aria » *in Carnets d'une chorégraphe, Fase, Rosas danst Rosas, Elena's Aria, Bartok*, Par, Fonds Mercator, Rosas, p. 161.

[2] Bien sûr, on objectera qu'Angot se joue elle-même, joue son propre rôle. A ceci je répondrai plutôt l'inverse : Angot joue à ne pas jouer, elle montre qu'elle ne joue pas, ce qui se ressent en termes de ce qu'on appellerait dans la technique théâtrale des maladresses, en réalité tout ce qui rend visible le fait qu'elle est sur scène, pas nécessairement à l'aise, et qu'elle dit un texte qui a été écrit à l'avance. Soit, tout ce qui abolit la transparence de la situation de la représentation, sur laquelle se fonde l'illusion théâtrale. Par ailleurs, comme le souligne Cécile Schenck, ce jeu un peu décalé d'Angot est très travaillé (voir SCHENCK Cécile, « Mathilde Monnier : la danse et ses dehors textuels », *in Danse contemporaine et littérature, op. cit.* pp. 170 –

Même si le ton 'récité' n'est pas, tant s'en faut, une constante dans les chorégraphies de littéradanse, donc pas un trait définitoire (dans celle de Fanny de Chaillé il y a une alternance entre des parties où la diction est théâtralisée et d'autres où elle est manifestement récitative, les textes d'Artaud et Fleischer sont lus dans les chorégraphies de Dobbels de façon très théâtrale), il est à considérer parmi les marques d'une tendance à la matérialisation du texte, qui le garde à distance.

Cette physicalité du texte comme objet littéraire va dans le sens d'une mise en valeur de la corporéité du texte, à un endroit qui n'est pas celui de son « expressivité », puisqu'on refuse l'intonation théâtrale, mais simplement de sa présence physique, que nous avons déjà ressentie dans le souffle. Le texte, présent sur scène, accède donc à un statut similaire à celui du corps dansant.

Or, à l'inverse, la danse, en tant que mouvement, se trouve également présente au sein des textes.

---

179). Ces remarques sont également valables pour Antoine dans *Museum of nothing*, avec une prédilection pour la sobriété et le minimalisme, et pour de nombreuses pièces de *Concordan(s)e*. L'auteur n'est pas un comédien, et, plutôt que de chercher à le cacher, le montre explicitement. Bien que cela dépasse mon propos qui est avant tout esthétique, on peut dire ici que la présence de l'écrivain dans son rôle d'auteur a également un impact politique, comme le souligne dans un entretien Célia Houdart : « Nous traversons une période critique pour le livre. La présence de l'écrivain est importante... On délaisse les plateaux télé, même s'il reste la radio. (…) De porter ses textes autrement, ça vous engage, cela suppose de la générosité ». MEYER Judith, « Entretien avec Célia Houdart », *in Danse contemporaine et littérature, op. cit.*, p.89. On peut également lire à ce sujet l'article de Judith Meyer dans le même ouvrage « Le festival Concordan(s)e : jeux d'influences entre texte et danse », pp. 83-87.

2. Présence du corps dans le texte : échos kinésiques

> un corps fixe, immobile continue-t-il de se métamorphoser a-t-il / cessé de danser ? Un corps dansant / fixé par Auguste Rodin dans le bronze par Henri Matisse sur la toile par Man Ray dans le sel d'argent d'une photographie / danse-t-il encore dans cette image arrêtée de la danse ?

interroge Fleischer dans le texte *La fille qui danse*. Posée au sein d'une représentation chorégraphique, la question engage nécessairement une réflexion sur la danse qui est en train de se dérouler devant nos yeux, et invite à y percevoir autre chose. Doublée de la question de savoir comment on peut choisir un point fixe « dans une beauté qui résulte du destin du corps dans l'espace / et dans le temps », cette réflexion, en l'occurrence, m'incite à lire la danse comme une énergie, un flux de mouvements, plutôt que comme une succession d'images, et modifie sensiblement la perception que je pourrais avoir du corps dansant. De même, lorsque le texte évoque une « forme qui se déforme sans cesse » ne correspondant que partiellement à un corps humain, il m'incite à sentir dans ce que je perçois de la danse plutôt les états d'une corporéité mouvante que le corps entier d'une danseuse. Ces moments nous montrent la faculté du texte lui-même à interroger notre perception du mouvement en s'appuyant sur nos savoirs du geste.

Ce phénomène est présent dans toute littérature, comme l'a étudié Guillemette Bolens dans *Le Style des gestes*, où elle montre que chaque texte possède une esthétique kinésique particulière, qui est perceptible par le lecteur en raison de sa propre expérience. Dans un spectacle de littéradanse, ces effets littéraires rencontrent évidemment la gestuelle que nous propose la danse, et que nous ressentons, d'ailleurs, sans doute également grâce à notre mémoire kinesthésique[1].

Dans les pièces de Daniel Dobbels, il se crée un système d'échos, où un verbe de mouvement rappelle, de façon presque descriptive, ce qui se passe sur la scène, comme c'est le cas dans cette énumération des peintures de Van Gogh qui accompagne une série de mouvements de rotation du bras autour de l'axe de l'épaule :

> il y a : / parmi celles qui sont là : / assez de défilés ::: giratoi:::res / constellés de **tou**ffes de plantes de carmin ↓ / de chemins creux surmontés d'un i:f / de soleils violacés tournant sur des meules de blé d'or pu::r / de pères tranquilles et de portraits de Van Gogh↑ / par Van Gogh↓ /

Le geste de « tourner » est ici surdéterminé par l'action scénique qui accentue sa présence dans le texte : l'adjectif « giratoires » et le participe présent « tournant » contiennent tous les deux le sème de 'mouvement rotatif. Artaud évoquait par ces adjectifs la dynamique inhérente aux tableaux de Van Gogh, pourtant statiques, mais *comme* en mouvement ; la chorégraphie, assumant cette dynamique, met en évidence ce mouvement du texte vers le tableau, ou ce mouvement du tableau dans le texte.
Les gestes évoqués peuvent, de façon plus abstraite, être de l'ordre de la sensation subjective, comme c'est le cas de la sensation du manque présente dans le texte de Fleischer, qui voit dans le fantasme de la fille dansante cet « autre corps, ce corps qui me manque ». Cette altérité ramenée au sujet est une sensation qui entre en résonance tout au

---

[1] BOLENS Guillemette, *Le Style des gestes : corporéité et kinésie dans le récit littéraire*, *op. cit.*

long de la chorégraphie avec les passages d'auto-manipulation précédemment évoqués, où le corps semble double, agent et agi.

Nous pouvons revenir également sur le passage évoqué plus haut, situé à la fin de *La fille qui danse,* où le narrateur-lecteur décrit son départ : « je marche droit devant », et précise « avec l'espoir de ne trébucher sur aucun obstacle ». Ces syntagmes évoquent deux sensations précises, celle de marcher, et celle de trébucher, le raté de la marche. Pendant ce temps, Carole Quettier marche à reculons, en aveugle, le regard vers le plafond : cette confrontation du geste et du texte crée d'abord une opposition, complexifiant le sens de « droit devant », puis accentue la tension et l'appréhension contenues dans l'idée de « trébucher » qui fait écho, comme une conséquence, au fait de ne pas voir où on marche. Associées l'une à l'autre, les kinésies dansée et parlée créent une sensation de fragilité, voire de risque lié au mouvement.

A un niveau plus général, il est remarquable que les textes de Fleischer et d'Artaud contiennent tous les deux le thème kinésique structurant de la transformation et la transmutation, qui, précisément, nous est apparu comme une des caractéristiques des mouvements dansés chorégraphiés par Dobbels, qui se génèrent par métamorphoses plus que par successions et ruptures.

Dans *La fille qui danse*, il est question d'une « forme qui se déforme sans cesse », et que le lecteur tente de saisir, qui pourrait être celle d'un animal, celle de la nature qui danse par métaphore, celle d'un humain occupé à une quelconque activité, ou celle, justement, d'une « fille qui danse » présente sous forme ténue du désir. Dans *Le suicidé de la société*, la transformation est liée à la magie, elle est « transmutation » opérée sur le monde par le peintre dont l'œuvre est assimilée au 'Grand œuvre' des alchimistes. Elle est ensuite cette transformation insidieuse que la société a fait subir à Van Gogh, et que l'auteur assimile à un procédé magique, affirmant que Van Gogh se croyait envoûté et qu'il avait raison de le croire. En magie, les mots sont chargés d'une force intrinsèque capable d'agir physiquement sur les hommes. Ce sont ces conversations qu'Artaud évoque sous forme de discours rapporté :

> et il y eut entre le docteur Gachet et Théo : combien de ces conciliabules puants des fami:illes / avec les médecins chefs des asiles d'aliénés / au sujet du : / **ma**la::de / qu'elles leur ont amené : / surveillez-le : / qu'il n'ait plus toutes ses idées : / tu entends : / le docteur l'a dit : / il faut perdre toutes ces idées : ça te fait du mal / si tu continues à y penser tu resteras interné à vie :

L'acte de langage, qualifié de « puant », est assimilé à une entité physique. Pendant ce passage, Adrien Dantou avance vers le public, de face, avec les doigts qui gesticulent devant son visage de façon très rapide, comme quelque chose qui grouille, évoquant ainsi l'action des paroles sur l'esprit du peintre.
Transformation, métamorphose, vont de pair dans le diptyque proposé par Dobbels avec perte de sens, basculement de l'esprit entre différentes sphères du réel. Une thématique structurante qui naît de l'association des énergies de la danse, du sens des textes, et de la façon dont se construit le sens, par touches successives et instables de signifiance.

Dans *Museum of nothing*, le style kinésique oscille entre les deux verbes « aller » et « être ». Le texte d'Antoine comporte de nombreuses allusions au déplacement, employées dans des sens plus ou moins métaphoriques :

> Transporter
> produits à la dérive,
> produits dérivés
> se téléporter
> traverser partir
> aller

Ces mots impriment dans l'écoute du texte une impression de déplacement dans l'espace, de mouvement des corps, auxquels s'oppose une immobilité suggérée par les nombreuses répétions du verbe d'état « être », conjugué au présent, au futur, et au conditionnel. On peut y ajouter l'affirmation du début, dans l'extrait d'Euripide, « Je me tiens à l'intérieur du théâtre », et les verbes qui évoquent une activité de contemplation (regarder) et mentale (penser). L'idée du musée, présente dans le titre de la pièce et au cours du texte lorsque Jonah évoque la performance de Beuys en annonçant « musée du jour », fait également référence à la staticité, les objets dans un musée étant exposés, figés devant le regard des visiteurs.

Or, ces deux pôles sont également présents dans la dynamique des mouvements scéniques : le début, composé de tableaux aux mouvements minimalistes, fonctionne davantage par positionnements des corps dans l'espace, qui sont soit à l'intérieur soit à l'extérieur de la cage, et forment des effets de symétrie ou d'opposition en fonction des positions respectives des deux interprètes. A la fin, la danse de Jonah accorde une grande importance à la qualité spatiale de l'effort (alternant l'espace direct et indirect) comporte beaucoup de déplacements dans un espace scénique très étendu, et un temps soudain qui inclut des courses et des changements constants de directions. Il y a un mouvement dans la progression chorégraphique entre l'être et le déplacement, avec une transition lors du passage où Jonah effectue une série de poses qui rappellent un sport de combat, dans une alternance entre un mouvement esquissé et sa fixation en position immobile.

Cependant, une particularité de l'être dans cette chorégraphie tient, dans le texte, à la multiplication des lieux :

> si je suis là avec toi, tu es aussi au bord
> de la Méditerranée

affirme par exemple Antoine. Cette phrase évoque l'impossible expérience de se trouver à deux endroits à la fois, et procure à son auditeur une sensation kinésique un peu similaire à celle du verbe « se téléporter » relevé parmi les verbes de déplacement : un trajet qui se ferait non pas par le mouvement du corps dans l'espace mais par la réduction de l'espace alentour. Nous touchons à un point paradoxal où l'être là et l'aller se rejoignent, une dimension qui me semble être au cœur de la kinésie de cette chorégraphie : dans la danse, cela entre en écho avec une gestualité minimaliste, comme si les mouvements restaient latents : dans les passages où Antoine et Jonah se tiennent face à face, dans une position symétrique, les jeux de regard et l'adresse verbale convergent l'un vers l'autre, comme vers un contact possible mais non pas effectif. De même, à la fin, Antoine se tient debout dans la cage pendant que Jonah danse. Il ne parle pas, mais son regard se plonge dans le lointain, vers le public, faisant exister un ailleurs, comme un trajet possible mais suspendu, à l'instar des poses d'attaque et de défense que Jonah esquisse sans jamais les terminer. La symbolique de la cage, dressée au centre de la scène, et présente dans le texte d'Antoine, rappelle cette sensation, dans le sens où sa fonction première est de limiter l'espace de mouvement d'un animal (le coyote de Beuys). On pourrait dire que la chorégraphie parvient à rendre sensible l'abstraction du « possible », créant l'attente d'un au-delà.

Dans *Le Groupe,* l'univers kinésique de la lettre de Hugo von Hofmannsthal se construit principalement autour de l'activité mentale qui consiste à percevoir les éléments du monde et à exprimer ses pensées ; soit un double mouvement qui va du monde au sujet et du sujet au monde, dont Lord Chandos exprime la progressive étrangeté, ou l'empêchement, au fil de sa lettre. Comme si cette circulation fluide et évidente s'opacifiait et devenait complexe.
Fanny de Chaillé imagine une chorégraphie dans laquelle la partition gestuelle montre de façon corporelle des sensations kinésiques qui évoquent chez Hofmannsthal des sensations psychiques : il y a un acte de transposition de sensations kinésiques similaires sur des plans différents, qui structure la pièce, et qui fait que, bien qu'on ne saisisse pas linéairement les propos de la lettre, on ressent très bien le malaise de la crise du sujet que décrit Hofmannsthal. Lors de la séquence 10, Grégoire est à terre, il vient d'être poussé au sol par

Christine, et Christophe, prenant la parole, se baisse lentement vers lui en prononçant les mots « mon esprit m'obligeait à regarder les choses au cours de tels entretiens à une distance inhabituellement proche ». Poursuivant sa descente, doublé des deux autres interprètes qui l'entourent, le locuteur se retrouve littéralement allongé sur Grégoire, tout en parlant, dans une relation d'extrême promiscuité dont le spectateur éprouve une sorte de légère gêne, comme s'il y avait là quelque chose d'intime et de sensuel, mais en total décalage avec le contexte et le texte. Or, cette gêne ténue, sensible lorsque je vois le mouvement sans forcément la nommer, me semble, même si le texte ne parle pas du tout de promiscuité interpersonnelle, ajouter une sensation qui est pertinente avec la gêne que Lord Chandos éprouve à regarder « les choses » du monde de manière « particulièrement proche », distordant par cette vision rapprochée la réalité qu'on leur attribue conventionnellement. La gestuelle et le texte n'entretiennent pas ici une relation à proprement parler d'illustration, mais plutôt celle d'une sorte de zeugma kinésique[1], déplaçant dans deux niveaux différents de la réalité la sensation de se rapprocher à outrance, de telle sorte qu'entrent en dialogue les ressentis qu'on associe au 'trop proche' dans la sphère interpersonnelle (dans la chorégraphie), et dans celle de la relation du sujet au monde (dans la lettre).
Ainsi, plusieurs sensations kinésiques traversent la pièce grâce à ce jeu de transposition : la troisième séquence consiste en une gestuelle 'dramatico-chorégraphique' durant laquelle les interprètes, en musique, s'observent dans un miroir imaginaire qui serait placé face au public et effectuent une série d'attouchements sur leurs propres corps, en particulier à l'endroit du visage, qui, progressivement, vont vers un jeu de déformations et de grimaces. L'action kinésique qui se transmet aux spectateurs est celle de se regarder et de s'exposer, se dévoiler. Cette action se retrouve dans les allégations verbales : « or, c'est mon être profond qu'il me faut vous exposer », avait

---

[1] En stylistique, le zeugma est une figure qui consiste à prendre un même terme dans deux plans référentiels différents.

précédemment déclaré Grégoire. Puis, un peu plus tard, on entend le verbe « admirer », qui fait écho à l'acte de se voir. Ces deux verbes ont dans la lettre pour sujet Lord Chandos et pour destinataire Francis Bacon, à qui s'adresse la lettre. Les spectateurs deviennent les témoins de cette exposition intime, corporelle et psychique.

A cette action d'exposer se conjuguent celles qui ont trait à la perte de l'identité et du sens, qui structurent l'évolution de la pièce. Au niveau du spectacle tout entier, il y a un mouvement vers la dissolution du sens sur lequel je reviendrai plus loin. Pour ce qui nous intéresse ici, nous pouvons observer comment cette idée n'est pas seulement conceptuelle mais réellement sensible dans le texte comme dans la chorégraphie : le verbe « disparaître », dans la cinquième séquence, prend une grande importance lors du beau passage dans lequel Grégoire avance doucement au centre de la lettre en répétant à cinq reprises, sur une musique, l'anaphore « en eux, je voulais disparaître. En eux, parler leur langue », qui scande la diction comme un refrain. Le pronom « eux » désigne d'abord les auteurs antiques et entités mythologiques qui forment le paysage intellectuel de Lord Chandos, puis les mots eux-mêmes (les « ornements littéraires relevés au détour d'une conversation ou dans des livres »). Cette action de disparaître dans des noms puis dans des mots, associée à celle de parler, est très forte et marque le spectateur. Elle est réalisée au sens propre, presque humoristiquement, à la fin de la séquence, lorsque ses trois partenaires recouvrent Grégoire des cartons de mots. Littéralement, celui-ci disparaît derrière les mots de la lettre. Puis les fait tomber[1].

A la disparition du « moi » sous les mots des autres répond la sensation d'un monde qui se délite, qui échappe à la perception, ne se laisse plus appréhender par le langage : ainsi ressent-on le verbe « se dérober » dans la séquence 7 : « or, mon ami vénéré, les notions

---

[1] Il y a dans toute la tradition littéraire et théâtrale une forme de comique gestuel et verbal qui consiste à réaliser au sens propre une expression figurée ; c'est de ce rire que joue ici Fanny de Chaillé, terminant ce passage pathétique par une distanciation amusée.

terrestres se dérobent à moi », et le verbe « perdre » en ouverture de la séquence 8 : « mon cas en bref est celui-ci : j'ai totalement perdu la faculté de m'exprimer ou de parler sur n'importe quoi avec cohérence ». Ainsi ressent-on également dans cette même séquence les hésitations de Christophe qui doit attendre que les autres lui soufflent le texte. Bien que personne ne soit dupe de l'illusion de ce jeu, on ressent dans la salle cette sorte de malaise qu'on a face à une personne qui ne sait plus son texte, ou ne trouve plus ses mots. A cette tension face au trou de mémoire s'ajoute pour le spectateur celle de ne littéralement plus pouvoir comprendre ce qui se dit, car le texte, interrompu, soufflé, répété, se trouve complètement disloqué et est à ce moment particulièrement inintelligible : littéralement, le spectacle impose au spectateur cette sensation de 'perdre le fil' de la pensée, sensation désagréable s'il en est, comme l'exprime Lord Chandos lorsqu'il affirme métaphoriquement que les mots « se décomposaient dans [sa] bouche comme des champignons moisis ». La sensation kinésique, associée au dégoût, est très forte dans cette phrase, elle l'est d'autant plus en écho avec Christophe cherchant désespérément à réciter son texte. Cette même sensation se retrouve à la fin quand les interruptions de la voix intérieure des interprètes ont raison du texte de Hofmannsthal, et que Grégoire est finalement obligé d'aller chercher le livre pour poursuivre le fil de la pièce. L'action est ici une action négative, celle de perdre le sens, qui échappe à la volonté du sujet.

C'est ce même verbe « se décomposer » que l'on entend à la fin de la séquence 10 lorsque Christophe déclare : « tout se décomposait en fragments et ces fragments à leur tour se fragmentaient ». A ce moment-là, les trois autres sont derrière le danseur et effectuent les mêmes mouvements de bras que lui et les mêmes déplacements, prolongeant sa corporéité de leurs gestes communs. Quelque chose dans cette multiplication gestuelle renvoie à un certain endroit du verbe « fragmenter », peut-être par son inverse, la réunion des quatre corps, ou peut-être par l'effet de diffraction du mouvement que propose ce quatuor dansé. Les qualités de mouvements effectués par ces bras associent un poids léger, un espace indirect et un temps soutenu, soit exactement la qualité que Laban associait au verbe

« flotter ». Ce flottement, c'est celui qui s'exprime également dans le texte : « les mots flottaient isolés autour de moi », qui se déploie en métaphores de plus en plus exaltées : « des tourbillons, voilà ce qu'ils sont. Y plonger mes regards me donne le vertige. Et ils tournoient sans fin. Et à travers eux on atteint le vide ». Les sensations de vertige et la dynamique du tour contenues dans « tourbillons » et « tournoyer » ne sont pas directement représentées sur scène, où les interprètes continuent à répéter la phrase des bras flottants, mais leur introduction dans le récit ajoute tout de même cette sensation à celles de la danse, qui, tout en restant la même, devient comme vertigineuse, les huit bras se faisant kaléidoscopes, mise en abyme. A l'inverse, le mouvement dansé ajoute des sensations qui ne sont pas exprimées dans le texte : la phrase comporte des contacts des mains sur le visage du danseur, qui atterrissent là comme sur une surface inanimée, donnant une impression de dédoublement de la personne surdéterminée par la participation des quatre interprètes au même mouvement. Il y a aussi quelque chose d'involontaire dans ces gestes très indirects, comme une perte de contrôle, un aveuglement, qui s'ajoute aux sensations kinésiques délivrées par le texte, associant au flottement des mots l'impression d'une division de soi et d'un errement spatial.

Il y a donc dans cette chorégraphie une traversée de sensations kinésiques textuelles et gestuelles qui se répondent dans une figure que j'ai proposé d'associer au zeugma, sur des plans parfois très distincts. Ceci tend à montrer que, finalement, le point commun entre la danse et le texte n'est pas l'univers référentiel mais les sensations qui s'expriment à chacun de ces niveaux : la sensation de disparaître, de perdre pied, de flotter, qui se joue chez Lord Chandos à l'endroit psychique du contact avec le monde, et à l'endroit très corporel de la prise de parole et de la qualité de mouvement dans la gestuelle proposée par Fanny de Chaillé.

A l'échelle des trois chorégraphies, les échos kinésiques entre le texte et la gestuelle fonctionnent bien comme des points de croisement structurants qui permettent de définir des qualités pathiques propres à chacune des pièces : se transformer, être transformé et transformer le réel dans *La fille qui danse* et *Un son étrange*, être et aller dans *Museum of nothing*, flotter et se diviser dans *Le groupe* : toutes ces actions provoquent des sensations que l'on ressent, en tant que spectateur, par mémoire et projection kinésique, et qui naissent de l'association entre les textes et les propositions chorégraphiques. Le mouvement présent dans le texte influe sur la sensation qu'on a du geste dansé et participe pleinement de l'esthétique proprement kinésique des chorégraphies. Ce mouvement du texte se joue à un niveau symbolique : ce sont les mouvements que signifient les textes, auxquels les mots font référence. C'est un mouvement très différent de celui qu'Alice Godfroy décrit lorsqu'elle pense la création poétique comme une danse : empruntant la notion de pré-mouvement à Hubert Godard pour rapprocher la dynamique de l'écriture poétique de celle de la danse contemporaine, elle montre que l'acte même d'écrire une poésie se joue dans une posture corporelle similaire à celle du danseur contemporain[1]. Ma démarche diverge car je n'entends pas commenter dans cet ouvrage celle des créateurs, écrivains ou chorégraphes, mais la réception, par le spectateur, de croisements effectifs entre des paroles prononcées et des gestes dansés. Cependant, cette remarque peut nous ouvrir une dernière voie, comme un dernier mouvement qui se jouerait dans les chorégraphies de littéradanse : le mouvement du sens lui-même. Nous avons vu en nous attardant sur la présence du texte dans la danse que le signe était souvent rendu opaque dans les pièces étudiées, pour se donner comme tel en tant que signifiant. Si tout se passe pour que le texte et la danse ne soient pas des vitres diaphanes vers un univers référentiel diégétique, il n'en reste pas moins que les mots et les mouvements font signe vers quelque chose. Laissant de côté le plus possible ce but référentiel, ou le laissant volontairement à l'état vague de « quelque chose », c'est le mouvement vers le sens que je voudrais considérer à présent.

---

[1] GODFROY Alice, *Danse et poésie, le pli du mouvement dans l'écriture*, op. cit.

II. Retour au sens au détour du rythme

Je rappellerai, en amont de ce dernier chapitre, que l'objet de mon étude n'est pas sémiotique : bien que la question de savoir « comment » le geste fait sens, comment le mot fait sens, s'il s'agit ou non du même sens, se pose insidieusement à chaque fois que l'on essaie de saisir la relation entre un mot et un geste, j'essaierai de la garder à distance pour pouvoir me concentrer sur l'esthétique produite, dans les chorégraphies que j'étudie, par ce croisement. Les remarques sémiotiques amènent en effet à de longues digressions sur la nature du langage et du geste, et la façon dont nous les percevons, qui ne me semblent pas nécessairement pertinentes pour appréhender ce qui se joue pour le spectateur lorsqu'il assiste à une chorégraphie de littéradanse. Comme je l'ai écrit en introduction, je pense, à la suite de Michel Bernard, que ni le corps ni le geste n'existent en 'deçà' du langage, de même que le langage n'existe pas hors de son articulation, qui est proprement corporelle. Le corps n'a pas son « propre langage », il participe du langage et existe en tant que corps par le langage. De même, le rythme et le sens sont étroitement liés : si j'ai parfois laissé de côté, dans la deuxième partie sur le rythme, la question du sens des mots, insistant même sur le mouvement de désémantisation qui s'opère dans *Le Groupe,* où l'on ne comprend plus le texte de Hofmannsthal, la parole privée de sens n'existe pas, et les distinctions qui sont parfois faites entre la forme et le fond d'un texte sont toujours artificielles. L'idée qu'il y aurait une musicalité de la langue détachée de toute forme de signification a été battue en brèche par Henri Meschonnic[1]. Il faut donc considérer que le sens des mots que l'on entend, comme le sémantisme que l'on attribue aux gestes que l'on voit,

---

[1] MESCHONNIC Henri, *Critique du rythme, op. cit.*

s'il ne se dirige pas forcément vers une cohérence linéaire, participe du rythme : Le rythme du texte, et surtout en prose, passe nécessairement par son sens. Émile Benveniste, Paul Zumthor et Henri Meschonnic, pour ne citer qu'eux, s'accordent pour dire que les deux facettes du texte sont inséparables[1]. Inversement, le mouvement dansé, comme le son musical, ou même comme les sons de la parole, n'a en soi pas de signification. C'est par la médiation du langage que nous donnons un sens à ce que nous sentons. Or, cet acte de sémantisation se fait d'une façon subtile qui ne consiste pas nécessairement à attribuer un sens fixe à un élément perçu, mais qui agit plutôt comme un processus, sous forme de potentialités. « Il n'y a pas un sens du corps qu'actualiserait la parole mais des paroles possibles portées par le processus de débrayage [shift out] qui meut la structure du corps », écrit Michel Bernard à propos du chiasme qui unit l'acte d'énonciation et l'acte de sensation[2]. Dans une chorégraphie où se superposent danse et parole, ce processus, par lequel nous nous saisissons du mouvement dansé, est nécessairement induit par le texte que nous entendons. Est-il alors possible de saisir quelques-uns des moments où les mots viendraient teinter certains gestes d'une signification, ou d'un début de signification ? Ce retour au sens, à l'endroit du rythme, nous pose les questions de l'infléchissement sémantique que les gestes peuvent avoir sur le langage, et du rôle que peut jouer le mouvement de la signifiance dans le rythme des chorégraphies étudiées.

---

[1] Voir ZUMTHOR Paul, *op.cit.* : « Poésie et signification », pp. 108-117, MESCHONNIC Henri, *op. cit.*, p.224 : « Le rythme d'un texte fait du temps de ce texte une forme-sens qui devient la forme-sens du temps pour le lecteur », et BENVENISTE Émile, *op. cit.*, p. 126 : « Forme et sens doivent se définir l'un par l'autre et ils doivent ensemble s'articuler dans toute l'étendue de la langue ».

[2] BERNARD Michel, « Sens et fiction, ou les effets étranges de trois chiasmes sensoriels », in *Nouvelles de Danse, op. cit.* La notion de débrayage est empruntée à la linguistique (Jakobson) et désigne l'acte de langage qui consiste à se distancier d'une situation référée à l'énonciation : le « je », l' « ici » et le « maintenant » ne sont plus ceux de l'écriture, ils deviennent fictifs, passés, etc.

Laurence Louppe distingue dans la *Poétique de la danse contemporaine* le « sens » d'une narrativité qui se contenterait de dégager la présence d'un référent. « Le sens étant plutôt cet objectif innommé que la danse interroge sans le décrire »[1]. Sans prétendre à cerner exactement quelle serait cette nébuleuse sémantique vers laquelle tend la danse, il me semble pertinent de revenir au sens, non plus par le biais de l'univers référentiel, comme je l'ai proposé en première partie, mais à partir d'un autre prisme, celui du rythme, qui m'a intéressée pendant la seconde. Nous verrons ainsi comment les gestes de la danse peuvent se teinter du sens des mots, et, à rebours, comment le mouvement sémantique des mots est infléchi par la gestuelle, dans un mouvement particulier à chaque chorégraphie.

1. L'exemple du diptyque de Dobbels : torsions et distorsions

Dans *Un son étrange*, les torsions imprimées au corps sont rendues douloureuses parce qu'elles sont sémantisées par le texte d'Artaud qui exprime une souffrance psychique.
Les premiers mots du texte surdéterminent l'ensemble de la perception des mouvements dans cette chorégraphie :

> La peinture linéai ::re pu ::re me rendait
> fou : / depuis longtemps : / lorsque j'ai
> rencontré Van Gogh qui peignait : /
> non pas des li:gnes / ou des fo:rmes /
> mais des cho:ses/ de la nature inerte /

---

[1] LOUPPPE Laurence, *Poétique de la danse contemporaine*, op. cit., p. 24.

> comme en pleine convulsion : / et : /
> ine:rte / comme / sous / + le terrible
> coup de boutoir de cette force d'inertie
> dont / tout le monde parle à mots + /
> couve::rts

D'emblée, le thème de la folie, la métaphore du « coup de boutoir », les évocations kinésiques de la convulsion et de l'inertie qui renvoient à la mort, donnent le ton : chaque dissociation, chaque chute, chaque frappe sera reçue par le spectateur en regard de ces motifs linguistiques qui les coloreront, au moins partiellement, de leurs connotations.

Ainsi, lorsque, au cours de la chorégraphie, on voit le danseur se mettre en boule puis déployer son corps, tiré par ses propres bras qui semblent mus par une force extérieure, lorsqu'il recule, le poids du corps légèrement en arrière, précédant les jambes dans un déséquilibre, bien que ces mouvements ressemblent, nous le verrons, à ceux de la chorégraphie de *La fille qui danse*, ils prennent un sens sensiblement différent : l'accent sera mis sur le déséquilibre, en résonance avec le déséquilibre mental, la précarité de la station verticale, nous entraînant dans un univers référentiel qui fait écho au texte que nous entendons.

Les passages qui montrent des torsions, qui touchent notamment les extrémités du corps comme les pieds, des auto-manipulations, des frappes, se comprennent en association à la violence de la parole d'Artaud, de la manipulation magique et sociale qu'il dénonce à l'égard de Van Gogh, de l'emprise et de la contrainte douloureuse qu'on aurait exercées sur lui. Comme par exemple ce passage lors duquel Adrien Dantou, assis, agrippe convulsivement son pied droit, pivote, et le frappe violemment sur le sol, puis fait pareil avec le gauche, trois fois de suite : les pieds, en torsion, sont inertes et subissent le contact du sol que le danseur leur imprime.

Dans *La fille qui danse*, il y a des états de corps similaires, mais qui prennent des valeurs sémantiques différentes. Les torsions par exemple entrent en relation avec les distorsions de la forme que décrit le texte. Juste après la deuxième diagonale de tours, nous assistons à une marche en avant dans laquelle les appuis sont pris sur la tranche des pieds crispés de la danseuse. Les épaules sont ouvertes vers l'arrière et tête inclinée vers l'avant. Cette marche saccadée se passe en trois temps : d'abord l'ouverture d'un pied, son avancée sur la tranche, le transfert du poids sur cette base instable. Il y a quelque chose de laborieux comme si des membres crispés et rigides servaient d'appuis précaires au reste du corps, et qu'il fallait les tracter. Cependant, contrairement à ce qu'il se passait dans l'exemple précédent, le texte nous éloigne de cette sensation douloureuse qui n'arrive pas jusqu'au malaise : en effet, le narrateur à ce moment évoque les signes graphiques du texte qu'il est en train de lire, se demandant s'ils sont immuables ou « sont les ombres qu'on déchiffre au hasard d'un alphabet ». La parole ici attire l'esprit du spectateur en direction du signe, de sa forme, qui projette l'image de ces ombres de lettres sur la marche de la danseuse. Bien sûr, Carole Quettier ne « représente » pas à ce moment un signe alphabétique. Mais son mouvement est teinté de cette connotation, c'est vers cette bizarrerie formelle d'une graphie instable que nous entraîne le texte, qui influe sur notre perception du mouvement. Le geste dansé se sémantise donc au contact du texte lu, et cette coloration sémantique, comme nous le montre l'exemple suivant, est réciproque.

Le passage analysé ci-dessus se clôt, un peu plus tard, sur l'expression « une lettre morte », où l'adjectif se trouve accentué par une articulation prononcée et un timbre de voix un peu plus fort, et suivi d'un silence. À ce moment-là, Carole Quettier est debout, et elle a la main droite sur la nuque, le bras étant replié et le coude levé, comme quelqu'un qui passe sa main dans les cheveux derrière la tête. Simultanément à la prononciation de la syllabe « morte », le coude tombe le long du buste dans un mouvement accéléré qui ressemble à une chute incontrôlée, comme si les muscles qui le maintenaient levé cédaient brusquement. La main descend d'un cran mais subit la répercussion de la chute comme inerte, elle s'écrase sur le cou puis tombe sur l'épaule. L'adjectif que nous entendons s'associe au mouvement que nous voyons, qui se fait signifiant à son tour : nous pensons à « membre mort », « inerte », « mouvement incontrôlé ». L'attraction sémantique entre le texte et ce qu'on voit se fait dans les deux sens : le mot « mort » associe métaphoriquement la chute à une forme de mort, et, en même temps, par le détour du membre mort, la lettre morte prend une connotation beaucoup plus grave, voire tragique, parce que le sens de mort, appliqué au corps, est moins métaphorique. D'ailleurs, dans *Un son étrange*, également, les évocations de la mort sont associées à des énergies de chute : le syntagme « un coup de fusil dans le ventre » est accompagné d'un repli très brusque du danseur vers le bas et vers son centre, l'accusation faite au docteur Gachet d'avoir été « la cause suffisante directe et efficace de [la] mort » du peintre est le moment d'une chute au sol du danseur, l'adjectif « empoisonné » fait écho à une chute du buste sur les jambes fléchies. Comme ici, c'est du suicide de Van Gogh qu'il s'agit, l'association est plus violente, la chute devient métaphore d'une mort réelle. Cette récurrence, en outre, nous rapproche de la vision cyclique du temps que j'ai évoquée plus haut à propos de *La fille qui danse*[1], comme autant de cycles, de résurrections qui sont aussi celle que permet le texte d'Artaud, qui, par le pouvoir du langage, fait revenir la mémoire de Van Gogh de parmi les morts, pour lui rendre justice.

Ainsi nous voyons à l'œuvre un double mouvement : le geste se connote du sens des mots, et les mots, à leur tour, subissent une attraction du geste. Nous pourrions dire que le texte fait émerger un possible par rapport à toutes les teintes sémantiques que contient le mouvement. Mais aussi, nous pouvons considérer qu'il fait émerger, par sa confrontation avec l'image visuelle et la sensation du mouvement, tout un faisceau de signifiances qui n'étaient pas dans le mouvement, et naissent, justement, de l'association. Le mouvement, en dehors de sa confrontation au langage, ne porte pas forcément de sème sous-jacent, ou alors, rétrospectivement, il en contenait plusieurs, une

---

[1] Voir *supra*, Partie 2, chapitre II.

multiplicité de sens possibles qui explique qu'un même geste peut se teinter successivement de plusieurs signifiances.

J'ai décrit au début de cette partie le passage *d'Un son étrange* dans lequel Adrien Dantou recule puis se replie sur lui-même avant de se déployer. Un passage de *La fille qui danse* situé au milieu de la chorégraphie, reprend une gestuelle comparable : Carole Quettier, dans un déséquilibre, marche en arrière, d'abord trois pas lentement puis de plus en plus vite, traçant une trajectoire sinueuse dans l'espace scénique, comme entraînée par son propre poids. Ses deux bras sont tendus devant, paumes et regard tournés vers le plafond. Juste avant, le texte avait énuméré diverses actions permises à l'homme par la danse : « poèmes prières litanies imprécations rituels invocations épopées ». Puis nous entendons :

> seul l'homme fait de son corps le signe de ses pensées de ses espoirs / de ses peurs / de ses désirs de sa joie de sa jouissance de sa faiblesse // de sa puissance de sa misère [sur ce syntagme : la danseuse se replie en boule vers son centre puis se relève sur la fin de la liste] et de sa splendeur.

Cette fois, la phrase dansée correspond à la phrase parlée et le mouvement simple de se relever prend une dimension magistrale. On a l'idée d'une simplicité grandiose de l'homme dans ce simple déploiement du corps qui passe de l'accroupissement à la verticalité. En tant que spectatrice, je projette sur ce mouvement pourtant très sobre des références diverses : de souvenirs philosophiques pascaliens (je pense aux descriptions de la misère et la grandeur humaines chez ce penseur) à d'autres sous-textes qui sont propres à l'histoire de chacun.
Outre ce déploiement, les énumérations dans ce passage m'intéressent car elles montrent bien les possibilités flottantes de la signifiance : la première liste est concrète et m'incite à percevoir dans le mouvement vers le haut celui d'une danse efficace adressée à une divinité, dans

l'attitude du visage levé le geste de la supplication, dans le parcours qui embrasse tout l'espace un parcours épique, dans l'ensemble une efficacité rituelle. La deuxième liste est plus abstraite, elle évoque des sentiments parfois contradictoires. Il est notable que je puisse finalement tous les retrouver dans le même mouvement de la danseuse, qui peut se faire joie comme tristesse, montrer la faiblesse comme la force. Sans changer, le geste dansé se transforme sous mes yeux au cours de l'énumération, par la magie du langage qui vient en actualiser différents sens possibles, fugitivement.

On voit bien dans cet exemple, d'abord par la comparaison de l'apparition d'un geste similaire dans deux contextes textuels différents, puis au sein d'une même phrase chorégraphique, que le geste n'a pas de sens en soi, mais des significances latentes qui s'actualisent ou non, déterminées par un contexte linguistique, et se dévoilent au contact d'un mot ou d'une phrase. La puissance de la littéradanse est de laisser cette actualisation au niveau ténu de la signifiance, en fonctionnant par échos : le geste n'est ainsi jamais l'illustration du langage, il se teinte du sens d'un mot, puis d'un autre, mais sans s'y attarder, juste au passage, avant de devenir autre, de se déployer dans une autre direction.

Ainsi, différentes images gestuelles émergent au cours des deux chorégraphies, qui fonctionnent comme des tropes, c'est-à-dire des déplacements sémantiques, et non des illustrations, au sens d'une redondance sémantique : les ronds de bras frénétiques de Carole Quettier sur les mots « anges charmants avec leurs ailes encombrantes embarrassantes » ne miment pas le battement d'ailes des anges, ne seraient même pas perçus comme référant à des ailes sans ce texte ; mais, associé aux mots, le mouvement complexifie la métaphore du texte en ajoutant à l'encombrement cette impression d'un mouvement continu et incontrôlable, enlevant à l'aile son caractère libérateur et aérien pour au contraire en faire, non sans ironie, un appendice indépendant et contraignant.

Cette valeur métaphorique du mouvement est particulièrement sensible dans la chorégraphie *Un son étrange* quand il est question de tableaux de Van Gogh. Et l'image la plus forte de ce texte dansé est sans doute celle des corbeaux du dernier tableau du peintre.

« Ces corbeaux : peints deux jours avant sa mo:rt / ne lui ont : pas plus que ses autres toiles / ouvert la porte d'une / certaine gloire posthu:me / », déclame Alain Cuny. Pendant ce temps, Adrien Dantou replie les doigts serrés et tendus de la main droite sur le pouce, créant ainsi une forme avec la main qui d'abord se déploie en mouvements giratoires autour du poignet puis, dans un fléchissement du coude, imprime des petits coups vifs et répétés sur la tête du danseur. Ce sont bien évidemment les corbeaux que l'on voit dans cette figure. Non pas qu'Adrien Dantou mime avec sa main la forme d'un corbeau, mais il reproduit la forme stylisée des corbeaux du tableau de Van Gogh : c'est par la médiation du souvenir du tableau que s'opère la sémantisation du geste, qui m'incite à assimiler les coups des doigts sur la tête à la dynamique des coups de bec d'un oiseau. Dans le même temps, cette mise en mouvement de l'image lui imprime une dynamique saccadée, qui infléchit le sens de la référence linguistique en ajoutant le sème kinésique d'un mouvement direct et soudain dirigé par le danseur contre lui-même, ou par la main contre le corps, qui va vers une impression agressive, voire violente. Comme le remarquait Derrida dans *De la grammatologie*, le signe échappe souvent à une simple dichotomie signifiant/signifié, car les signifiés se font à leur tour signifiants, formant une chaîne qui ne renvoie peut-être jamais à un réel en dehors du langage[1]. Ici, les gestes de la main font signe vers le texte d'Artaud, qui fait signe vers les corbeaux de Van Gogh, qui à leur tour font signe vers des corbeaux animés, ceux qui picorent le crâne du danseur : il n'y a aucun référent « corbeau réel », mais uniquement des signifiants artistiques qui se renvoient les uns aux autres. Le plaisir artistique ne réside pas dans une quelconque référencialité, mais dans cette façon de faire sens vers quelque chose. L'identification de ce « quelque chose » appartient au sujet-spectateur, parce qu'il se forme en

---

[1] DERRIDA Jacques, *De la grammatologie, op. cit.*

relation avec ses propres images mentales. Rapidement, et à titre d'exemple, je pourrais personnellement dire qu'il s'agit du style de Van Gogh, la façon dont il représente la réalité, le génie de ce trait noir 'faisant' corbeau, et la promiscuité, dans le discours d'Artaud, entre cette apogée stylistique et la mort du peintre, mort qui s'explique par une impossibilité d'être au monde. Le mouvement et sa dynamique m'évoquent une promiscuité douloureuse et agressive entre les éléments symboliques du tableau et le peintre lui-même, un sujet se retournant contre soi qui mène jusqu'à l'idée centrale du suicide. Mais finalement, peu importe cette interprétation : ce qu'il m'importe de montrer, c'est ce mouvement vers le sens qui se dégage de l'association du texte d'Artaud et des mouvements d'Adrien Dantou.

Un peu plus tard, quittant cette position de main, c'est le buste tout entier du danseur qui se fait corbeau, mais cette fois vu de très près, dans une alternance de déploiement et de contraction du sternum qui rappelle la dynamique du vol. Un double mouvement s'est opéré : celui de la mise en mouvement d'éléments du tableau, ou plutôt des énergies contenues dans la description du tableau (de même que Van Gogh, d'un trait noir, évoque efficacement et douloureusement un corbeau, de même la chorégraphie de Dobbels, d'une contraction et d'un mouvement de main, évoque le tableau) ; et celui d'un rapprochement, comme si nous étions passés de l'image d'un corbeau lointain à celle d'un corbeau tout proche. Ainsi, la danse fonctionne de la même façon qu'une métaphore, déplaçant le sens du texte grâce au mouvement. Ces figures s'ajoutent aux tropes linguistiques présents dans le texte d'Artaud, où les corbeaux semblent représenter, ou contenir, le suicide du peintre :

> mais ils ouvrent à la peinture pein:te /
> ou plutôt à la nature non pein:te / la
> porte occulte / d'un au-delà possible / à
> travers la porte par Van Gogh ouverte /
> d'un énigmatique et sinistre au-delà : il
> n'est pas ordinai:re de voir un homme : /
> avec / dans le ventre / le coup de fusil

> qui le tua : / fourrer sur une toile / des corbeaux noirs / avec au-dessous : / une espèce de plaine livide peut-ê:::tre / vide en tout cas : / où la couleur lie de vin de la terre / s'affronte / éperdument : / avec / le jaune sale des blés / mais nul autre peintre que Van Gogh : / n'aura su : comme lui : / trouver / pour peindre ces corbeaux ↑ / ce noir : de truffe / ce noir : / de gueuleton riche / et en même temps comme excrémentiel des ailes des corbeaux / surpris par la lueur descendante du soir : /

Enfin, cet exemple des corbeaux me permet de souligner que les effets de sens dont nous parlons ne se limitent naturellement pas à la juxtaposition immédiate d'un énoncé et d'un mouvement. Comme nous l'avons vu dans d'autres exemples, ils peuvent se jouer à des niveaux bien plus vastes de la chorégraphie et parcourir l'ensemble de sa durée, jouant sur la mémoire du spectateur qui peut associer à distance un geste et un mot, formant un réseau de sens, qui, loin de se limiter à un simple déploiement linéaire, crée un faisceau de résonances. *Un son étrange* se clôt sur le rappel de la gestuelle du corbeau, que nous reconnaissons immédiatement alors que le texte ne parle plus de ce tableau, mais de la mort du peintre. Ce rappel introduit un effet d'auto-référence dans le texte d'Artaud, et, sans doute en association avec d'autres allusions extérieures à la chorégraphie, comme la mort du cygne, offre par cette « mort du corbeau » finale une puissante image de la mort de Van Gogh, détachée de tout mimétisme référentiel immédiat car elle se déploie uniquement au niveau métaphorique de la danse, du texte d'Artaud, et des images de Van Gogh.

Les gestes dansés se teintent donc, tout au long des créations de Dobbels, de la signifiance des textes qui leur font écho, et, en retour, modifient subrepticement notre compréhension des textes par des déplacements sémantiques proches de l'image métaphorique.

« Qu'entend un corps quand il danse (ou croit danser) et ne s'appuie que sur les seules forces silencieuses qui sont les siennes, quand autour ou tout près de lui la rumeur devient assourdissante ? » interroge le chorégraphe à propos d'*Un son étrange*. Si l'analyse montre clairement un jeu d'échos entre les rythmes respectifs de la danse et des textes, nous avons pu voir que, dans ces deux chorégraphies, les rencontres rythmiques ne se jouent pas dans une superposition temporelle exacte des phrases dansées et des phrases parlées, non plus que dans une concordance métrique comme l'a par exemple proposé George Appaix. Chez Dobbels, les résonances se passent à des niveaux plus vastes et plus ténus : dans la rencontre, presque fortuite, entre la voix qui se tait et une suspension de la danse ; dans la superposition de deux temporalités distinctes ; dans la liberté comparable de la prose et d'un mouvement continu ; en résumé, dans des jeux de dynamiques et d'échos rythmiques, qui structurent chacune des deux chorégraphies.
On assiste donc à des entrelacs où se jouent les attractions réciproques de plusieurs mouvements, celui de la voix, celui du corps dansant, et celui d'une signifiance dont le procès est lié dans le même temps à ce que l'on voit, ce que l'on ressent, ce que l'on entend. Comme les répétitions purement formelles ou linguistiques, comme le traitement des accents et les correspondances au niveau du phrasé respectif de la danse et du texte, les effets sémantiques participent du rythme de la chorégraphie, créant des rappels, des échos, des temps forts, agençant et structurant la temporalité de la représentation. Ou, aussi, nous pourrions dire que le sens de ces chorégraphies, comme leur phrasé, se déploie de façon subtile et protéiforme, par succession de signifiances qui se métamorphosent et s'accumulent sans jamais se laisser saisir tout à fait, comme si elles se refusaient à produire un sens stable et rassurant. Il y a, dans le texte de Fleischer, aussi bien que dans celui d'Artaud, une profonde incertitude référentielle : chez Fleischer, entre

le désir et la réalité du texte qui le porte, chez Artaud, entre l'univers des tableaux de Van Gogh et le suicide du peintre. C'est ce flottement que Dobbels choisit d'accentuer par ses lectures chorégraphiques.

Le sens, ainsi appréhendé, est un mouvement pourvu de dynamiques propres qui entrent en résonance avec celui des corps, et qui contribue à la dynamique particulière de chaque œuvre. L'étude des procédés de sémantisation dans ce diptyque m'a amenée à définir un mouvement du sens, parlant plutôt de flottement, de rencontres et d'éloignements. C'est cette dynamique du sens en construction que je voudrais essayer de cerner dans les deux autres chorégraphies.

2. Mouvements de signifiance

Revenons encore une fois sur la scène de la fontaine de *Museum of nothing*, dans laquelle Jonah, s'étant penché vers le saladier-fontaine, fait des bulles en soufflant dans l'eau, pendant qu'Antoine récite un texte narratif qui semble faire référence à un épisode du passé des deux amis. En termes purement gestuels, si on coupe le son, la scène est particulièrement statique : on voit juste les mouvements de la prise de parole et ceux de l'eau sous l'emprise du souffle de Jonah. Et pourtant, revisionnant la scène avec le son, elle se met en mouvement. Ce mouvement, que je tente de saisir ici, c'est celui de la métamorphose du saladier en fontaine, celui de Jonah en coyote : le mouvement induit par le signe vers la référence. Mais aussi, de façon plus subtile, celui qui rend l'acte de « souffler dans l'eau » signifiant, sans qu'on sache dire exactement vers quoi il fait sens : le ludique ? L'absurde ? Le souffle sensible ? Ou encore l'allusion du transport des coyotes en avion qui ouvre des chemins de signifiance, ou même des mots que l'on saisit, voire des phonèmes, qui tracent un chemin vers une signification possible, mais en en conservant l'état latent. Les phrases circonvolues d'Antoine contribuent à brouiller le signe. Sans comprendre exactement « ce que cela veut dire », je sens que sans doute « cela veut dire » quelque chose, ou quelques choses : cette impression est celle que je propose d'appréhender par l'idée de signifiance, en faisant l'hypothèse que son mouvement fait partie intégrante des chorégraphies, et qu'il s'agit d'un autre lieu de croisement entre danse et parole[1]. Dans *Museum of nothing*, on peut comprendre également par ce biais la singularité de l'épisode du voyage : alors que dans toute la chorégraphie, il y a une préférence pour le minimalisme corporel qui permet au sens de se déployer et de métamorphoser ce que l'on voit, l'épisode du voyage déploie une dominante de mouvements corporels, aussi bien dans la danse de Jonah dont le temps se fait soudain et l'espace s'étend considérablement, que dans le texte lui-même, qui évoque un déplacement. Le mouvement vers le référent diégétique, à ce moment-là, me semble minoré dans ma perception de spectatrice : je n'ai pas le temps de m'attacher à ce que 'veut dire' le texte. Pourtant, je perçois tout de même quelque chose qui fait sens vers un déplacement, qui se construit sans que je puisse exactement le saisir. Et ça se construit de façon particulière, au détour des méandres de métaphores qui me transportent à différents endroits du réel : dans le possible (texte au conditionnel), l'impossible (parcours rocambolesque qui fait penser à une course poursuite fictive), le figuré (tropes, comparaisons, métaphores), le conceptuel (emploi de termes grecs et philosophiques). Il y a une signifiance qui jaillit en tous sens sans se réaliser tout à fait, prend un chemin puis fait demi-tour, comme, finalement, le jaillissement de la danse de Jonah qui alterne les relations directes et indirectes à l'espace, et multiplie les changements

---

[1] Rappelons ici la définition que Paul Zumthor donne à ce terme de signifiance, que j'ai déjà évoqué plus haut : « émanation d'une signification complexe mais insécable, engendrée par la totalité des signes et des indices les affectant ». ZUMTHOR Paul, *Essai de poétique médiévale*, Paris, Seuil, 1972, p. 111.

de directions. Cette qualité de danse, comme la qualité syntaxique du texte, porte également une signifiance, que je ne peux explicitement nommer sans la caricaturer (puisque la nommer, c'est la réduire à un signe), mais qui peut aller vers la précipitation, le changement, la multiplication des trajectoires, la superposition d'espaces possibles. Mon hypothèse serait donc celle-ci : il y a un mouvement particulier qui s'ajoute à celui de la danse, et qui s'ajoute également aux allusions kinésiques du texte, qui tient à la façon dont émerge le sens, sous sa forme la plus ténue de signifiance. Ce mouvement concernant aussi bien les gestes dansés que la parole, on pourrait dire qu'il est présent dans n'importe quelle chorégraphie. Mais, nous l'avons vu en observant les procédés de sémantisation dans le diptyque de Daniel Dobbels, la présence simultanée d'un texte et d'une danse au sein d'une chorégraphie surdétermine la signification qu'on a envie d'attribuer au geste, rend l'œil du spectateur plus aiguisé à cet endroit-là, de même qu'il le rend davantage sensible à la valeur kinésique du texte. Ce mouvement de la signifiance est pour cette raison particulièrement important dans les chorégraphies de littéradanse, et *a fortiori* quand leur propos n'est pas de raconter une histoire linéaire, qui a tendance à monopoliser le sens, mais plutôt de multiplier les effets de signifiance qui se juxtaposent, ou même, comme c'est le cas de Fanny de Chaillé, de jouer avec les moments de connivence et de discordance totale entre la signifiance des gestes et celle des mots.

Ainsi, dans *Le Groupe*, lors de la sixième séquence qui se compose d'un duo très rapproché entre Grégoire et Christophe qui suit, collé derrière lui, tous ses gestes, Grégoire chuchote, par-dessus une musique, ce qui rend ses propos relativement difficiles à saisir dans leur totalité. J'ai de plus montré dans la deuxième partie que la rythmique dansée influençait ma perception du texte et m'incitait à retenir certains mots plutôt que d'autres. Chaque spectateur n'est pas nécessairement frappé par les mêmes phrases, mais, pour ma part, si, maintenant, à cet endroit de mon étude, je visionne la séquence sans faire de pause et en me concentrant autant sur la gestuelle que sur les mots je retiens :

> une sorte d'ivresse continuelle
>
> univers spirituel et corporel
>
> bestialité
>
> la solitude et la société
>
> en tout je percevais la nature dans les errements de la folie, dans la balourdise de chaque paysage
>
> en toute nature je m'apercevais moi-même

Il y a dans cette partie du texte un sens qui se construit vers une sensation enivrante de fusion entre le sujet et le monde, sans doute surdéterminé par la sensation des corps de Grégoire et Christophe dans une relation de très grande promiscuité. Le chuchotement évoque le rapprochement, le secret, donc quelque chose qui entre en résonance avec le mystère, qui peut être celui de la nature, de l'harmonie cosmique, et dont peut ressortir une forme d'ivresse. Il y a aussi cette notion de 'tout', de deux corps formant un corps. A ce moment-là, les signifiances se déploient donc dans une même direction, celle de la fusion, du tout harmonique, donnant une sensation de plénitude qui rend le passage poétique. Juste au moment de la dernière phrase, Christophe s'éloigne très soudainement de Grégoire, comme s'il était projeté au loin, et commence cette danse que j'ai plusieurs fois commentée. La sensation kinésique du détachement est très forte, et suffit à elle seule à imposer une rupture rythmique qui motive mon choix de changer de séquence. Lors de cette transition, le locuteur ne change pas, la musique crée un *continuum* sonore. En revanche, le ton de la voix est haussé, dans un mouvement tonal dont le sens se rapproche de l'éloignement des deux interprètes. Il y a un mouvement sémantique vers l'éloignement que l'on pourrait qualifier de soudain, au sens labanien, qui s'oppose à la signifiance précédente du texte et de la gestuelle, qui allait vers la promiscuité, la fusion.

Ce qui se construit dans cet exemple, au moment de la séparation des deux corps, c'est une tension entre le mouvement de signifiance du texte de Lord Chandos et le mouvement de signifiance porté par la corporéité des interprètes. Comme dans la deuxième séquence lors de laquelle un interprète est poussé par les trois autres, les deux mouvements vers le sens entrent en coalition, vont l'un à l'encontre de l'autre. Nous pourrions dire que le déploiement linéaire du sens se trouve interrompu, ou infléchi. Ou encore, si on veut éviter de penser cette rupture en termes linéaires et temporels, pour ne pas nécessairement la confondre avec le déploiement temporel de la phrase chorégraphique ou linguistique, on pourrait emprunter au linguiste Gustave Guillaume la notion de subduction, qui correspond à une interruption mentale du procès de la signification[1] : le mouvement de signifiance du texte se trouve subduit par celui de la gestuelle.
Parfois, la superposition des signifiances portées par le texte et le mouvement crée pour l'esprit une tension, qui instaure, à l'instar de ce moment où tous les interprètes prennent en même temps la parole, une saturation de 'l'espace sens' au même titre que peut être saturé l'espace sonore ou visuel. La signifiance des mouvements peut se déployer dans un sens si opposé à celle du langage que la superposition en devient drôle : à la fin de la douzième séquence, après l'énumération schématisée plus haut, Guillaume poursuit la diction du texte :

---

[1] Il s'agit d'une simplification extrême de la théorie subtile et complexe de la psychomécanique du langage de Guillaume, pour les besoins de cette étude : l'action mentale de subduire, dans le langage, correspondrait à celle d'arrêter la signification à un stade antérieur à celui de la référence, produisant par exemple des sens abstraits, généraux, ou encore flous, insuffisants à eux-mêmes. Voir GUILLAUME Gustave, *Langage et sciences du langage*, Presses universitaires de Laval, Paris, Nizet et Québec, 1964.

> Ainsi récemment ↑ // j'avais donné ordre de verser du poison pour les rats ↑ / dans une cave à lait d'une de mes métairies ↓ // Vers le soir ↑ / je sortis à cheval ↑ / sans plus songer ↑ / comme vous le présumez ↑ / à cette histoire ↓ //

Toutes les pauses sont suivies d'une intonation soit montante soit descendante très forte, qui rend la diction 'chantonnante', et, comme je le disais plus haut, récitative, car il s'agit d'une accentuation hyperbolique des marques de ponctuation qu'on trouverait à l'écrit pour séparer les syntagmes grammaticaux. Pendant ce temps, toujours suivi par les autres, Guillaume effectue une série de mouvements composée de

> un rond de poignet (1 temps)
>
> cinq pas latéraux (5 temps)
>
> deux déhanchés (2 temps)
>
> quatre pas en tournant (4 temps)

qu'il recommence dans l'autre sens. La régularité des mouvements rend sensibles les comptes de la danse : l'exécution mécanique fait signe vers la récitation chantonnante du texte. La connotation qu'on donne à ce mouvement, à cause du déhanché et de la marche, se fait par analogie à des danses de société, dont l'univers festif est en totale incohérence avec le récit de Lord Chandos, d'autant plus qu'il se fait de plus en plus morbide :

> Alors / tandis que mon cheval marche au pas dans la haute terre d'un champ retourné / et que je ne découvre rien de plus inquiétant / à proximité de moi / qu'une couvée de cailles apeurées / et au loin / au-dessus de l'on :: dulation des

> labours / un long soleil couchant / alors s'ouvre / au fond de moi / cette cave / emplie par l'agonie d'un peuple de rats ↓ // Tout était au-dedans de moi ↓

Dans la précipitation de la diction, le spectateur, sollicité par la gestuelle qui se fait redondante de certains détails dont l'importance se trouve alors artificiellement majorée, tel le cheval au pas imité par une marche sautillante ou l'ondulation évoquée par un geste indirect de la main mimant des vagues, ne saisit pas nécessairement la cohérence de cette partie narrative. En revanche il entend plus sûrement le rapprochement des termes évoquant tous quelque chose d'effrayant : « retourné », « inquiétant », « apeurées », « au fond », « cave », « agonie », « peuple de rats »[1]. La contradiction qui s'impose entre le caractère ludique de la gestuelle et du ton récitatif, d'une part, et les évocations de plus en plus morbides de Lord Chandos, de l'autre, fait rire (me fait rire, et on entend les rires des spectateurs dans la salle). Le comique est de l'ordre de l'humour, qui, traitant d'un sujet grave, le met à distance en employant une tonalité impropre.

Un autre exemple de ce traitement comique du croisement entre les mots et les gestes, et qui tient également à leur mouvement réciproque de signifiance, se trouve dans la neuvième séquence. Christine récite alors le texte, et les autres, à tour de rôle, reprennent une expression dont ils proposent une interprétation gestuelle et tonale, que Christine répète ensuite en l'intégrant au texte. Or, ces propositions sont humoristiques parce qu'elles semblent totalement décalées : la première reprend le nom de la fille de Lord Chandos, « Katharina Pompilia » en le phrasant mélodiquement avec une intonation montante sur les

---

[1] Ce relevé n'aurait aucune valeur dans une analyse littéraire du champ lexical, car les premiers termes sont évoqués de façon négative. Cependant, dans l'immédiateté du spectacle où la compréhension n'est pas le propos premier, je fais l'hypothèse que c'est la connotation commune à tous ces termes que retient le spectateur, comme une vague impression d'assombrissement, qui se propage ensuite dans la suite du texte.

troisièmes syllabes et descendante sur les quatrièmes. Cette prononciation un peu ridicule se fait sur un pas sauté latéral légèrement épaulé, qui termine avec une jambe croisée derrière imprimant au corps un petit déhanché. Les deux mains, par la torsion du buste, effectuent un trajet direct vers le bas du même côté du corps, avec un claquement de doigts. Le geste est effectué symétriquement à gauche sur *Kathari* :: ↑*na* et à droite sur *Pompili* :: ↑*a* et fait penser à une gestuelle qui pourrait accompagner le célèbre « poupoupidou » que rappelle phonétiquement le dernier nom propre. L'analogie se fait sur l'intonation du nom, qui devient une onomatopée. La gestuelle subduit le sens du texte pour dévier vers un début de signification qui lui est totalement étranger, que l'on pense, au choix, à un spectacle de pompom girls, à un cartoon « Betty Boop » ou à Monroe chantant *I wanna be loved by you*. Il n'est même pas sûr, ni important, que la référence soit d'une telle précision. Le moment que je développe longuement est très bref, et le spectateur n'a pas le temps de s'y attarder : son imaginaire incline légèrement vers cette esquisse de référence, ce début de signifiance qui teinte le geste de sa connotation, puis est sollicité par la suite du texte qui parle totalement d'autre chose, mais aussi par l'air dubitatif de Christine qui reprend comme à contrecœur la proposition saugrenue (donc par les interactions des interprètes eux-mêmes, qui, nous l'avons vu en première partie, assument dans ce spectacle un univers diégétique à part entière). De même, le syntagme « que dévidant tant bien que mal ma phrase jusqu'au bout » est prononcé par Guillaume de façon mécanique et rapide, accompagné d'une course sagittale vers l'avant-scène qui s'arrête très brutalement à « bout » juste au bord de la lettre dépliée : on reconnaît dans le déplacement et la prononciation l'action de « dévider ». Le verbe, pris isolément et au sens propre (alors qu'il est métaphorique dans la phrase), se détache ici de son contexte sémantique (la signifiance était plutôt celle de la difficulté à parler) pour renvoyer à un autre univers kinésique. Enfin, Christophe reprend la comparaison « et comme pris de malaise » en se jetant au sol. La syllabe [ai] est nasalisée en [ain], et tout le monde la prononce en chœur, créant une sorte de cri dissonant, dans le plaisir enfantin de la surarticulation. La signifiance prend des chemins sinueux, à travers le mot malaise extrait de son contexte et réalisé au sens propre, et le phonème [ai], qui, nasalisé, se teinte d'une nouvelle connotation, une certaine 'façon de parler', au choix, pédante ou maladive. Ces procédés aboutissent à une impression de délire gestuel et verbal, comique sur le mode du ludique et de l'absurde. Cet effet est dû aux tensions vers des signifiances différentes, dont on pourrait dire que « ça part dans tous les sens ». Le sens a bien dans de tels exemples une valeur kinésique : il part dans une direction ou une autre, et ses tensions peuvent aboutir au non-sens, à l'absurde, alors même que le texte se déploie linéairement. Il n'est pas anodin que cette séquence se termine en intrusions de l'espace personnel : corrigeant la position de Christine, les membres du groupe déplacent tantôt une main, tantôt une épaule, créant un effet pénible de fourmillement de petits attouchements dont elle essaie de s'extraire. Il y a dans cette surabondance de gestes un rappel kinésique de la surabondance sémantique précédente.

Dans une séquence comme la onzième, la cadence que j'ai commentée, qui caractérise le rythme texte / passage des cartons / musique / chute des cartons, se joue au niveau du geste, au niveau du son, mais également au niveau du sens : le texte prononcé engage une signification, l'acte de circulation des cartons également, les mots écrits sur les cartons forment des phrases, et la chute fait sens comme rupture. Voici comment s'agence cette cadence de signifiances verbale et gestuelle :

je fis : / une tentative / pour m'arracher / à cet état// en cherchant un refuge dans l'univers spirituel des anciens / j'évitais Platon car je redoutais le danger de ses envolées métaphoriques / je pensais le plus souvent / à / Sénèque // et à Cicéron	En eux je veux disparaître en eux parler leur langue

Musique

Au contact de cet ensemble harmonieux : d'idées : limitées : et bien ordonnées : j'espérais guérir/ or je ne <u>XXX</u>

Musique

<u>Musique</u>

Je les comprenais bien ces idées / je pouvais en faire le tour / voir comment elles jouaient ensemble // mais / ma pensée la plus personnelle / sa part / la plus profon:de / demeurait exclue de leur [monde?]

Musique

Je fus / envahi / par le sentiment / d'une terrible / terrible / terrible solitude /

Musique

Je me fis l'effet de quelqu'un / qui serait / enfermé / dans un jardin / empli / rien que des statues / dépourvues / d'yeux

Chute

Tout
se
décompose
en
fragments

Chute

Rien
ne
se
laisse
enfermer
dans
un
concept

Chute

Tout
est
au-
dedans
de
moi

Chute

Tout
tout
ce
qui
est
me
<u>semble</u>
<u>être</u>
<u>quelque chose</u>

Musique

Chute

Être

quelque chose

Tableau 2: cadence verbale et gestuelle dans "Le Groupe"

Les parties soulignées se chevauchent. Je me fonde sur une retranscription du texte d'après ce que j'entends dans la captation, sans la corriger selon le texte original, de façon à laisser perceptibles les parties qui sont incompréhensibles. Cependant, il faut avoir en tête que Grégoire parle avec un fort accent anglais (il a renoncé à sa propre voix), de façon saccadée (comme le montrent les /), et donc son élocution est loin de rendre le sens évident. Encore une fois, il faut imaginer que ce qu'on comprend relève plus de l'impression laissée par certains mots saisis au vol plutôt que d'une compréhension fluide. En revanche, les phrases formées par les cartons sont très claires et restent visibles suffisamment longtemps pour laisser au spectateur le temps de les lire.

La subduction des différents mouvements vers la signification due au rythme cadencé fait de ruptures est, à première vue, très nette ; mais, dans le même temps, une persistance de la signifiance se construit d'un mouvement sur l'autre : on n'oublie pas totalement les phrases après chaque chute, il reste quelque chose qui permet de construire une continuité entre la colonne de gauche et celle de droite, et au sein de chaque colonne. Les mouvements de chute eux-mêmes se répètent, et cette répétition fait sens vers la rupture, la fragmentation. Il y a une continuité dans le procès de signifiance, qui ici déborde de plus explicitement la séquence car les mots écrits sont des citations de passages précédemment prononcés dans la séquence précédente. Ce débordement est rendu visible par la présence des cartons, mais il est vrai pour tout le spectacle : à la fin de chaque séquence quelque chose reste de la précédente et déteint sur la suivante, permettant des passerelles, des rappels, des synthèses et des dilatations, ce qui nous permet de saisir un infléchissement sémantique global du spectacle vers la crise du sujet.

Cette dynamique caractérise dans son ensemble la chorégraphie de Fanny de Chaillé : si les séquences sont à la fois très distinctes et poreuses, c'est parce qu'il y a ce mouvement sémantique qui se superpose aux autres, qui fait lien, à petite échelle, entre les séquences, et, à plus grande échelle, unifie l'ensemble de la chorégraphie comme un mouvement oscillant entre sens et perte de sens, construction et déconstruction sémantique en lien avec celle du sujet, qui se joue, non plus seulement au niveau diégétique comme je l'ai pensé en première partie, mais aussi au niveau rythmique : la fin de la pièce se termine dans une cacophonie de signifiances qui n'aboutissent à aucun terme. Elle se compose d'un premier discours, celui de Lord Chandos, d'un second, celui, en voix off, qui figure l'intériorité des personnages, et d'une partition gestuelle composée d'interactions (Guillaume se rapproche de Grégoire et examine les parties de son corps), de variations de l'espace interpersonnel (Christophe, comme dans une bulle, s'éloigne du groupe dans une direction incertaine et franchit les limites de la lettre, Christine est au sol), de qualités de mouvements (qui se rapprochent du flottement), de formes (alors que la lumière baisse, on voit apparaître les ombres des interprètes) qui ont l'air d'être pourvues d'une portée signifiante sans qu'on sache vraiment laquelle. Chaque partition, prise indépendamment de l'autre, pourrait recevoir, sinon une valeur référentielle stable, du moins une interprétation. Mais, mises toutes ensemble, elles créent un surplus qu'on ne peut pas saisir, et le sens se perd, de même que se perd, dans l'agencement spatial du groupe, son unité, notamment par la dilution du facteur espace, précédemment porté par les regards qui assuraient la circulation de ceux des spectateurs au sein du groupe, et qui à présent n'ont plus de cohérence, et la précision des déplacements. Ce qui se disloque, c'est ce sujet multiple du spectacle, composé des spectateurs, des différents interprètes, du je-personnage de Lord Chandos et de la présence, dans l'écriture, des auteurs, Hugo Von Hofmannsthal et Fanny de Chaillé : le rythme ne circule plus, les mouvements se brouillent, les membres du groupe perdent, dans l'agencement spatial de la scène, contact les uns avec les autres. La crise du sujet et le renoncement à l'écriture qui font l'objet de la lettre sont accomplis, et la lumière s'éteint.

Il y a donc un mouvement propre au sens, qui tient à sa façon de se déployer, soit de façon tortueuse mais fluide comme chez Daniel Dobbels, soit par saccades et subductions comme chez Fanny de Chaillé, soit encore par virages et ouvertures multidirectionnelles chez Antoine Dufeu et Jonah Bokaer.
Ainsi, cette troisième partie nous a permis de définir enfin une relation au sens qui ne se situe pas à l'endroit du signe, mais à l'endroit du rythme : un sens qui serait kinésique. Au présent diégétique et référentiel j'ai alors pu faire succéder la notion de présence, celle du texte dans la danse et celle du mouvement, symboliquement, dans le texte, pour finalement penser le sens lui-même comme un mouvement plutôt que comme une fixité. Il s'agit alors, non pas d'invalider l'approche référentielle que je proposais en première partie, mais de l'inclure dans ce sens mouvant : il y a bien des chemins vers des espaces et des temps diégétiques, mais labyrinthiques et divers, de sorte que le spectateur ne peut se reposer dans la rassurante attitude du 'comprendre'. Il doit se frayer un rythme dans ces mouvements multiples.

conclusion

Je parviens alors au terme de mon parcours, car il me semble que j'arrive enfin à saisir, par ces approches successives, quelque chose de ce qui se joue dans ma perception des chorégraphies : un agencement de différents mouvements que je perçois dans leur simultanéité et que la spectatrice que je suis met en relation, produisant ce qui reste de l'œuvre au terme du spectacle. Ces mouvements, qui participent tous au rythme, sont de différentes natures :

- sonore (les intonations de la voix, les frappes de la danse, le souffle audible)
- kinésique (les qualités d'effort, l'articulation du langage, les évocations kinésiques dans les textes)
- visuelle (l'agencement des corps dans l'espace, les textes écrits)
- sémantique (la sémantisation du geste, les échos sémantiques, le mouvement de la signifiance)

A un autre niveau de l'analyse se situe la valeur référentielle du spectacle : ce qu'il 'veut dire', ce qu'il 'raconte'. Je pense avoir montré que dans les spectacles que j'ai choisi d'étudier, cette valeur était battue en brèche par une très claire tendance à favoriser le rythme par rapport au signe, et à brouiller volontairement la compréhension en rendant le signe opaque. C'est en ceci que, comme je l'ai évoqué à propos de Fanny de Chaillé qui se revendique de la poésie sonore, les spectacles de littéradanse peuvent se rapprocher du genre littéraire de la poésie : il n'est pas anodin de remarquer que les études, dans lesquelles j'ai pu trouver des outils pertinents pour analyser ce qui se jouait au niveau de la signifiance, et de l'opposition entre rythme et signe, appartiennent davantage au champ de la poésie. Anne Pellus soutient de la même façon que la danse de Maguy Marin est plus proche de la poésie que du théâtre[1]. Pourrait-on avancer que, dans le domaine du spectacle vivant, la littéradanse serait une façon particulièrement poétique de mettre en scène un texte ?

Cependant, d'autres spectacles qui peuvent aussi s'inclure dans cette esthétique de la littéradanse, comme *Retour à Berratham* de Preljocaj, privilégient le signe par rapport au rythme : l'histoire est claire, et l'interprétation des mouvements dansés comme autant de façons d'illustrer des points précis du texte, contribuant à la même diégèse, ne laisse aucun doute ; le spectateur 'comprend' de façon limpide le récit et peut se laisser porter par l'illusion d'une fiction qui se déploie d'un bout à l'autre de la représentation. Il y a donc un choix esthétique du chorégraphe qui se focalise davantage sur la lisibilité d'une diégèse et la transparence référentielle. Si mes goûts personnels m'éloignent de ces partis pris, préférant être déstabilisée et sollicitée par un sens plus opaque qui résiste, hésite et reste latent, ils sont loin de faire l'unanimité. J'aimerais en revanche souligner que le plaisir n'est pas celui de l'énigme, ni de la satisfaction intellectuelle de se confronter à une œuvre obscure, mais bien d'arriver – et ce n'est pas nécessairement confortable ni facile – à *renoncer à comprendre*, et à chercher autre part la cohérence et le plaisir du spectacle, portée par des sensations kinésiques, des bribes de signifiances, de croisements rythmiques. C'est ce regard au travail que j'aimerais revendiquer, tout d'abord pour affirmer que le texte qui accompagne la danse ne sert pas à l'expliquer ni à la paraphraser (qui rendrait la littéradanse une forme plus « accessible » pour ceux qui trouvent la danse contemporaine obscure ou trop abstraite, ce contre quoi je m'inscris résolument) ; ensuite pour que continuent d'exister ces espaces de liberté qui ne sont pas soumis au signe ni à l'injonction de 'comprendre', qui donnent l'illusion que le monde, les concepts, existent tels quels, et que le langage, y compris artistique, serait là pour nous y renvoyer, nous

---

[1] Voir PELLUS Anne, « Maguy Marin, du désir de poésie au poème chorégraphique », in TOTH Lucille et NACHTERGAEL Magali, *Danse contemporaine et littérature, op. cit.,* pp. 67-71.

conformant dans des certitudes rassurantes. Les spectacles que j'ai étudiés, quoi qu'on pense de leurs partis pris esthétiques et de leurs degrés d'aboutissement artistique, ont pour point commun d'interroger la distance qu'il y a entre le geste, la parole et le monde, et de rendre sensible la part que j'ai, en tant que sujet, dans la construction du sens et du rythme.

Chorégraphies citées

A posteriori, Georges Appaix (2006)

Issê timossé, Bernardo Montet / Jean-Claude Guyotat (1997)

L'incognito, Fabrice Lambert / Gaëlle Obiegly (2015)

La fille qui danse / Un son étrange, Daniel Dobbels / textes d'Alain Fleischer et Antonin Artaud (2013)

La place du singe, Mathilde Monnier et Christine Angot (2005)

Le Groupe, Fanny de Chaillé / texte de Hofmannsthal (2015)

Meublé sommairement, Dominique Bagouet / texte de Emmanuel Bove (1989)

Museum of nothing, Jonah Bokaer / Antoine Dufeu (2015)

Projet Robinson – La mémoire courte, Nathalie Collantès & Julie Salgues / Nathalie Collantès et Jacqueline Robinson (2012)

Retour à Berratham, Angelin Preljocaj / Laurent Mauvigner (2015)

Sad Sam Lucky, Matija Ferlin / textes de Srečko Kosovel et Matija Ferlin (2012)

Bibliographie

Relation entre le littéraire ou le langage et la danse

BERNARD Michel, « Sens et fiction, ou les effets étranges de trois chiasmes sensoriels », *in Nouvelles de Danse,* n° 17, octobre 1993, pp. 6-64.

BERNARD Michel, *De la création chorégraphique, CND,* « recherches », Pantin, 2001.

BERNARD Michel, *L'Expressivité du corps,* éd. J.-P. Delarge, Coll. *Corps et culture,* Paris, 1976.

BOLENS Guillemette, *Le Style des gestes : corporéité et kinésie dans le récit littéraire,* préface d'Alain Berthoz, éditions BHMS (Bibliothèque d'Histoire de la Médecine et de la Santé), Lausanne, 2008.

BORGEAUD Nelly : « L'écriture passe nécessairement par le corps », propos recueillis par Alain Neddam, *in Marsyas,* mai 1995.

COLOMBO Laura et GENETTI Stefano (dir.), *Pas de mots : de la littérature à la danse,* Hermann, Paris, 2010.

FEBVRE Michèle, *Danse contemporaine et théâtralité,* Chiron, Paris, 1995.

GENETTI Stefano, « Projections chorégraphiques beckettiennes : pour un corpus en danse », *Recherches en danse* [En ligne], Focus, mis en ligne le 15 décembre 2015, consulté le 10 mars 2016. URL : http://danse.revues.org/1211.

GINOT Isabelle, « La Peau perlée du sens », *in Corps provisoire*, Armand Colin, Paris, 1992, pp. 194-205.

GINOT Isabelle, *Bagouet. Un labyrinthe dansé*, CND, Pantin, 1999.

GODFROY Alice, Danse et poésie : le pli du mouvement dans l'écriture. Michaux, Celan, du Bouchet, Noël, Honoré Champion, Paris, 2015.

GODFROY Alice, *Écrire, danser : prendre corps et langue : étude pour une 'dansité' de l'écriture poétique*, thèse de doctorat sous la direction de Michèle Finck, Université de Strasbourg, 2013.

KEROUANTON Joël, *Myth(e), roman dansé*, l'œil du Souffleur, Massat, 2016.

KNAPP Bettina (Liebowitz) *L'Écrivain et la danse, ressources d'un archétype*, L'Harmattan, Paris, 2002.

LOUPPE Laurence, « Écriture littéraire, écriture chorégraphique au XXème siècle : une double révolution. », in Littérature, n°112, déc. 1998.

MUNNIER Jean-François (dir), Concordan(s)e 2, 3 et 4 une aventure singulière où un écrivain rencontre un chorégraphe, L'œil d'or, Mémoires&Miroirs, 2012, 2014 et 2016.

NEDDAM Alain, « Texte et danse : une dramaturgie de l'insaisissable» *in Nouvelles de danse n° 31*, contredanse, Bruxelles, printemps 1997, pp. 44-50.

SIEGMUND Gérald, « L'ascension de l'écriture. Pas de danse, danse de l'écriture : A-libi, a- topie et ressemblance dans l'œuvre de Jan Fabre », *in Littérature n°112 : La littérature et la danse,* 1998. pp. 61-74.

TOTH Lucille et NACHTERGAEL Magali (dir.), *Danse contemporaine et littérature, entre fictions et performances écrites*, Centre National de la Danse (éd.), « Recherches », 2015.

VILLARD Marie-Aline, *Poétique du geste chez Henri Michaux : mouvement, regard, participation, danse*, thèse de doctorat sous la direction de Claude Fintz, Soutenue le 16-11-2012 à Grenoble, dans le cadre de l'École doctorale langues, littératures et sciences humaines (Grenoble), en partenariat avec le Centre de recherche sur l'imaginaire (Grenoble).

Études en danse et témoignages d'artistes

DE KEERSMAEKER Anne Teresa & CVEJIC Bojana, « Elena's Aria » *in Carnets d'une chorégraphe, Fase, Rosas danst Rosas, Elena's Aria, Bartok*, Par, Fonds Mercator, Rosas.

GINOT Isabelle, *La critique en danse contemporaine : théories et pratiques, pertinences et délires.* Dossier d'habilitation à diriger les recherches, Sous la direction de Jean-Paul Olive, Université Paris 8 Saint-Denis, septembre 2006.

LABAN Rudolf, *La Maîtrise du mouvement,* traduit de l'anglais par Jacqueline Chalet-Haas et Marion Bastien, Actes Sud, Arles, 1994 (1988 pour l'édition anglaise).

LE MOAL Philippe dir., *Dictionnaire de la danse*, Larousse, Paris, 2008.

LOUPPE Laurence, *Poétique de la danse contemporaine*, Contredanse, Bruxelles, 1997 (2004 pour la troisième éd revue et corrigée).

LOUREIRO Angela, *Effort, l'alternance dynamique dans le mouvement,* Ressouvenances, Villiers-Cotterêts, 2013.

POUILLAUDE Frédéric, Le Désœuvrement chorégraphique. Étude sur la notion d'œuvre en danse, Vrin, Paris, 2009.

Linguistique, littérature, philosophie

ANGELINO Lucia (dir.), *Quand le geste fait sens*, Mimesis philosophie éditions, n°36, Italie, 2015.

BENVENISTE Émile, *Problèmes de linguistique générale I*, Tel, Gallimard, Paris, 1966.

BRECHT Bertolt, *Petit organon pour le théâtre*, traduit de l'allemand par Jean Tailleur, éditions de l'Arche, Paris, 1978 (édition originale : 1948).

DERRIDA Jacques, *De la grammatologie*, Minuit, Paris, 1967.

DÉSESQUELLES Anne-Claire, *Au rythme de la vie*, Ovadia, Nice, 2008.
DUCROT Oswald, Les Mots du discours, Minuit, Paris, 1980.

FONTANILLE Jacques, *Soma et Séma. Figures du corps*, Maisonneuve & Larose, Paris, 2004.

GENETTE Gérard, *Figures III*, Seuil, Paris, 1972.

GUILLAUME Gustave, *Langage et science du langage*, Presses universitaires de Laval, Paris, Nizet et Québec, 1964.

MAUSS Marcel, *Les Techniques du corps*, in Sociologie et anthropologie, Paris, PUF, 1950.

MESCHONNIC Henri, *Critique du rythme*, Lagrasse, Verdier (2eme édition revue et corrigée), 1990.

MESCHONNIC Henri, *La Rime et la vie*, Gallimard, Paris, 2006 (première édition Verdier 1989).

PROUST Marcel, *Du côté de chez Swann*, Gallimard, Paris, 1913.

RUFFEL David, « Une littérature contextuelle. », *Littérature* 4/2010 (n°160).

SAUSSURE (de) Ferdinand, *Cours de linguistique générale*, Payot, Paris, 1916.

SCHMITT Jean-Claude, *Histoire des rythmes au Moyen Âge*, Gallimard, Paris, 2016.

ZUMTHOR Paul, *Essai de poétique médiévale*, Seuil, Paris, 1972

Paroles des chorégraphes

Je fais figurer ici trois des échanges que j'ai eus avec les auteurs des œuvres étudiées, et qui ont eu lieu à un moment où le texte était déjà largement écrit. Ils n'ont donc pas influencé directement mes analyses, mais viennent s'y confronter comme un point de vue différent, parfois contradictoire.

Daniel Dobbels, échange par courriel du 28 mars 2016

Dans le désordre ceci. le texte a été enregistré en environ une demi-heure par Alain. je ne l'ai lu qu'une fois et d'une traite. Pas de temps de travail, de répétition ni de montage. Le temps manquait : corps et voix devaient donc se lancer dans une sorte de vide sans filet (sans filet de voix : la voix - et la lecture - devant trouver ses élans et ses tonalités, ses pauses et son intelligence du texte dans l'instant; mais, étrangement, un certain aveuglement la conduisait vers l'un des sens du texte d'Alain Fleischer : une disparition s'ombrant d'elle-même là où un corps fantasmé, juste écrit et vu par l'écriture, était à la fois comme invoqué, convoqué et possiblement révoqué. Un texte dont le motif ou le sujet pourrait être la danse joue probablement comme tel de manière implicite (et perverse aussi). Lire et dire un tel texte c'est donc savoir cela : un texte (Flaubert en avait une conscience aussi aiguë que paradoxale) rêve toujours un corps dont l'incarnation le décevra. C'est peut-être une loi qu'il faudrait mettre au jour, quand la question du rapport texte/corps est posée comme problème. Chorégraphier c'est déployer une pratique d'alentours où le corps approché/s'approchant se défie, sans être armé pour cela, d'une latente violence textuelle propre à en récuser la venue et l'incarnation. En ce sens, d'instinct, je crois, ma voix s'est imprégnée d'une dramatisation douce, marquant sans technique apprise, une distance et un rapport d'espace-temps veillant à ce qu'une certaine limite ne soit pas franchie. De ce fait on compose par égard et non en regard, par chance courue et non en calculant et déterminant des modalités d'accord a priori (du moins c'est ma voie de travail). S'il y a "coïncidences" (et il y en a), elles se produisent par hasard, mais une fois tombé, ce hasard devient nécessaire et la suite du travail et des représentations exige qu'il se répète (il a, alors, changé de nature, de dimension, il est devenu constitutif). Cunningham en a tiré les conséquences comme personne d'autre. Pas de retour en arrière. Juste une précision dans l'interprétation rendant, non sans humour, le jeu "professionnel", même si le gain ne rapporte rien que la possibilité de renouveler l'expérience : force merveilleuse dont la danseuse a le secret, qu'elle porte du point de son énigme propre (et de son génie aussi). Qu'il s'agisse d'un texte, d'une musique, d'une œuvre située en référence réelle ou virtuelle, chaque fois, singulièrement, ce sera une approche semblable qui se verra tentée et pariée.

Fanny de Chaillé. Entretien téléphonique du 21 avril 2016 au sujet du Groupe

Mélanie Mesager : Comment est-ce que vous définiriez la relation entre le texte et la gestuelle : est-ce que c'est une adaptation théâtrale de Hofmannsthal ? Une chorégraphie sur le texte ? En regard du texte ?

Fanny de Chaillé : Ce qui m'intéresse au départ c'est une question formelle, c'est celle du groupe. Vraiment. Comment collectivement on arrive à se mettre d'accord et à faire groupe. Et après il me semblait intéressant pour traiter cette question de partir, presque, de son antithèse, c'est-à-dire d'une lettre. Donc une et adressée de un à un. J'avais la sensation que je pourrais travailler cette question-là, bizarrement, en me basant sur un texte qui est fait par une personne pour une autre personne. J'avais vraiment la sensation que ce 'un à un' m'aiderait à fabriquer le « nous sur scène » / « vous en face ». Ce 'un à un' répondait au groupe sur scène face au groupe dans la salle. C'était intéressant aussi pour nous de se dire comment, collectivement, on se met d'accord sur sa parole, qu'est-ce qu'on en comprend.

M. M : Il y a donc eu d'abord l'idée du groupe, et ensuite la lettre est venue se greffer dessus ?

F de C : Oui, mais c'est la même chose pour le metteur en scène japonais. Le texte de Thomas Bernhard est apparu beaucoup plus tard. Au départ je connais cette lettre d'Hofmannsthal que j'adore, mais tout d'un coup c'est parce que je veux travailler cette question du groupe que le texte apparaît. Je ne fais pas du tout à l'inverse. En ce sens je pense que je travaille plus comme une chorégraphe que comme une metteur en scène. Le texte arrive bien après.

M. M : Et dans le texte peut-être y avait-il la thématique de la division du sujet qui allait avec cette envie ?

F de C : Exactement. La division du sujet, de l'être qui devient pure sensation. C'est l'abandon du langage au profit de ce que serait la pure sensation. Donc c'est aussi ça qui m'intéressait. Est-ce que si à un moment donné on se sépare de notre propre langue, on arrive à quelque chose qui serait plus collectif et qui serait de l'ordre de la sensation ?

M. M : Le choix d'individus qui viennent du milieu de la danse et du théâtre, est-ce un choix d'individus avec lesquels vous aimez travailler, ou est-ce que c'est aussi un choix par rapport à la diversité de leur gestuelle ?

F de C : J'ai longtemps travaillé cette question du langage avec uniquement des danseurs, parce que je les trouvais moins pris par des conventions, du point de vue du langage. Ça m'intéressait donc plus de travailler avec des danseurs qu'avec des acteurs. Et puis progressivement moi ayant travaillé avec des metteurs en scène j'ai rencontré des acteurs avec qui j'ai continué à travailler. Mais je ne les choisis pas spécifiquement pour une façon de parler, d'être, etc. C'est plutôt parce que c'est des gens avec qui je m'entends et avec qui j'aime discuter. C'est une réflexion qu'on poursuit ensemble. C'est presque une bande maintenant parce qu'ils sont quasiment de tous les projets.

M. M : La part des interprètes dans la création, elle est importante, ou est-ce plutôt un travail dirigé ?

F de C : Alors moi j'écris beaucoup en amont, dans ma chambre. Les temps de répétition sont courts, donc je prépare beaucoup les répétitions. Mais une fois qu'on est en répétition évidemment j'arrive avec des intentions, des idées, etc., mais qui sont partagées, débattues, on en discute, et c'est parce que eux improvisent à partir d'indications que je leur donne que ma pensée et la façon de fabriquer évolue. Donc évidemment, ils font partie intégrante de la fabrication. Mais je suis quand même quelqu'un qui, très en amont, écrit beaucoup. Là je suis en train de travailler sur ma prochaine pièce, je suis devant mes cahiers, je prépare les répétitions de la semaine prochaine, et j'écris vraiment. Mais leur point de vue, leur façon de faire, va faire que les choses vont changer et évoluer.

M. M : Et une fois que la pièce est montée, est-ce qu'elle est vraiment fixe ou est-ce qu'il y a des moments de latence, qui changent en fonction des représentations ?

F de C : Non. Il n'y a pas du tout de... non, non. Tout est très fixe. Dans le groupe il y a juste une scène qui est une scène d'improvisation de Christophe, à un moment donné il danse pendant que Grégoire est dans la salle, et ça effectivement c'est plus ouvert. C'est-à-dire qu'il a une consigne de principe physique, mais par contre c'est pas écrit. Mais sinon tout le reste est très très écrit.

M. M : Et dans les moments où les interprètes parlent sans danser, dans quelle mesure et comment la gestuelle qui accompagne la parole est fixée ?

F de C : Moi je pars d'une consigne physique la plupart du temps, et ensuite on écrit au fur et à mesure à partir de ces improvisations. Vous pensez à la scène où les trois garçons sont sur elle et l'empêchent de parler ? C'est vrai qu'il y a une petite marge mais c'est quand même plutôt très écrit.

(...)

M. M : Est-ce que cette pièce a été travaillée par séquences ?

F de C : Pendant tout le temps des répétitions on a beaucoup travaillé sur la question du miroir ... on a beaucoup travaillé sur la question de l'ombre ... ces choses me paraissaient importantes par rapport au texte d'Hofmannsthal mais aussi par rapport à cette mise en scène de ce que c'est qu'un groupe : comment on se regarde dans l'autre.

Elle est donc montée par séquences mais il y a un grand mouvement sur la globalité. Au début on est vraiment dans « les mots, les mots, la référence, comment je me construis grâce à cette référence », et petit à petit on bascule dans « cette référence me pèse il s'agit de m'en détacher », et pour en arriver, à la fin, à ce moment où on rentre dans la tête des gens. C'est une pièce un peu... triste.

On peut donc dire qu'elle est séquentielle, mais moi j'avais un point de vue très général. Je voulais partir de cet excès de référence qui fait que c'est insupportable aujourd'hui pour nous de parler sans parler à la place des autres, jusqu'à ce qu'on a, nous, appelé la 'pure sensation' et l'introspection, le fait d'entendre ce que les gens pensent.

M. M : Et donc les différentes séquences dans ce mouvement global, elles ont été pensées plutôt en fonction du découpage du texte ou d'une logique gestuelle ?

F de C : Alors au départ c'est ça. Au départ on n'a pas du tout pris le texte. Je leur ai donné le texte très tard en fait. Ils savaient qu'on allait travailler là-dessus, ils l'avaient lu, mais on a dû répéter... quinze jours (sur deux mois de répétition) sans le texte. A partir de consignes physiques qui pour moi naissaient de la volonté de travailler sur la question du groupe, mais aussi de cette lecture que j'avais eue de Hofmannsthal. On a donc vraiment travaillé sans le texte, et petit à petit on a retravaillé sur le texte, et on s'est dit « tiens à ce moment-là cette séquence pourrait être intéressante ».

M. M : Est-ce qu'il y a une relation entre ce travail et la poésie sonore ?

F de C : Oui, j'ai des références très liées à ça. Pour moi, ce serait sortir le texte de la page. Enfin on peut se dire que c'est toujours ça au théâtre. Mais... mes premiers émois ont été pour la poésie sonore, parce que c'était des gens qui écrivaient pour leur propre voix, leur propre langue. Hofmannsthal je le prends presque comme ça. Je me dis que c'est moi qui parle quand je lis ce texte. C'est tous les interprètes qui parlent ce texte. Pour moi ce serait ça le point commun. Je ne me dis pas « ah, je vais monter Hofmannsthal, je vais tout lire sur Hofmannsthal », même si ça m'intéresse, mais ce qui m'intéresse surtout c'est de me dire « et si c'était moi qui avais écrit ça, qui avais pensé ça... comment il ferait pour le dire... » ou quelque chose comme ça.

M. M : La réception qu'on a du texte est aussi modifiée par rapport à une lecture...

F de C : Alors ça je peux pas le savoir, je ne sais pas quelle expérience vous en avez fait vous-même ?

M. M : J'ai trouvé qu'il y avait ça de paradoxal... bien que le texte soit dit en entier et dans l'ordre, on ne l'entend pas en entier, il est déstructuré.

F de C : Oui, il y a des moments où j'avais envie qu'on l'entende en entier, par contre il y a des moments où on ne l'entend pas, et je le sais, et c'est construit comme ça, et c'est pas grave. Il y a des moments que j'avais moins envie d'entendre, et j'ai eu envie de les transformer. Ça devient presque comme une musique. Et j'ai pas de problème avec ça. Je sais qu'il y a des gens que ça perturbe beaucoup parce qu'ils aimeraient tout entendre du texte. Or, mon choix de mise en scène c'est aussi de décider qu'à un moment donné il y a des parties que je trouve moins importantes, qui sont là, mais je m'applique à ce qu'on les entende moins.

Jonah Bokaer, échange de questions et de réponse par courriel, le 26 mai 2016

1. Comment définiriez-vous la relation entre la chorégraphie et le texte : diriez-vous que la danse a été composée sur le texte ? Avec le texte ? A l'écoute du texte ? (ou autre)

Lors des répétitions, avez-vous travaillé méticuleusement des points de rencontres (tel mouvement effectué sur le mot) ou y a-t-il des parties plus flottantes ?

Cette expérience, qui s'intègre dans le cadre d'un format très spécifique proposé par le Festival Concordan(s)e a été une étape absolument fascinante pour moi. En effet la contrainte imposée par le festival était de mettre en relation deux artistes n'ayant jamais travaillé ensemble. Le travail autour du texte s'est fait de manière très organique nous avons décidé de travailler ensemble dès la genèse du projet. Nous avons défini ensemble un langage chorégraphique tout en écrivant le texte. Il y a eu plusieurs moments de travail d'improvisation où nous donnions chacun libre cours à nos imaginations. C'était très intéressant de collaborer avec Antoine car nous finissions par nous influencer l'un et l'autre, et nous avons tous les deux des identités très singulières et assez différentes. Cela me plaît de travailler en groupe plutôt qu'en solo je suis à l'aise avec ça. Une première version du texte a été écrite avant d'être raccourcie suite à une première phase de travail. J'ai conçu une scénographie en phase avec les cinq parties du texte. La pièce est en quelque sorte la rencontre d'une scénographie et d'un texte, les deux étant construits autour de cinq mouvements. Lors des répétitions, des moments d'improvisations et de travail sur des points, des parties précises de la scénographie, ont été alternés.

2. Le travail de la parole (la diction/lecture du texte) a-t-il été fait en même temps que le travail chorégraphique ?

Nous avons bénéficié de deux périodes de création : la première d'une semaine à la Fondation Camargo de Cassis, la seconde de quinze jours au CCN – Centre chorégraphique national du phare, au Havre, dirigé par Emmanuelle Von Dinh. La première résidence a davantage été axée sur le texte. Par la suite, y compris durant les répétitions ponctuelles entre les représentations le travail de la parole a toujours été réalisé de concordance avec le travail chorégraphique. Des exercices de respiration ont également permis de favoriser cette fusion.

3. Avez-vous souhaité que le spectateur établisse un lien entre la gestuelle dansée et le sens du texte ?

Pas de manière explicite. Il y a certes des allusions dans la chorégraphie au texte et réciproquement ! Mais il y a également des allusions dans la gestuelle dansée et dans la scénographie au contexte dans lequel nous avions inscrit *Museum Of Nothing*, à savoir la performance de Joseph Beuys, *I love America and America likes me*.

4. Le choix de composer une chorégraphie sur un texte littéraire vous semble-t-il, en tant que chorégraphe, un acte artistique très particulier ? Quelles sont ses spécificités ?

La chorégraphie est un travail avant tout visuel. Il y a plusieurs manières de l'aborder. Pour ma part j'ai dans le passé composé des phrases chorégraphiques et des pièces à partir de matière visuelle, comme avec les artistes Daniel Arsham et Anthony McCall ; parfois à partir de texte ou de musique comme dans mon travail autour de l'Opéra *Neither* par Morton Feldman.

Il est vrai que ma relation à la littérature est récurrente dans mon travail. J'ai longtemps travaillé autour des textes d'Albert Camus par exemple, mais aussi du théâtre comme avec *Neither*, déjà mentionné, dont le libretto est écrit par Beckett. Cette année j'ai créé deux nouveaux spectacles *Rules Of The Game* partiellement inspiré par la pièce du même nom écrite par Luigi Pirandello, ainsi que par Six personnages en quête d'auteur qui y fait référence. J'ai par ailleurs répondu à une commande de mon ami et collaborateur Sidi Larbi Cherkaoui qui m'a invité à revisiter Scheherazade qui reste à mes yeux le « conte le plus mythique » et par là même un éloge à la littérature, du moins au récit.

5. Si vous souhaitez ajouter quoi que ce soit... ou rien, cette cinquième question est vide.

Pour nous Museum Of Nothing est une rencontre à plusieurs niveaux. Entre la danse et le texte (rencontre presque "impossible"). Entre deux artistes, deux artistes de cultures différentes. Entre deux amis, entre sérieux et humour.

Ceci est très bien résumé mais je dirais que cette résidence n'a en aucune manière été une rencontre « impossible ». Au contraire, plus les formes se mélangent plus le travail devient enrichissant. Merci également pour cette opportunité. *Rules Of The Game* mentionné dans cette interview sera présenté lors de La Biennale de la danse de Lyon en septembre 2016.

Vocabulaire de l'effort

Les termes de l'analyse du mouvement ci-dessous sont ceux que j'ai employés dans cette étude. Ils m'ont été transmis par Angela Loureiro au cours du stage *effort shape* donné à l'Université Paris 8 du 25 au 29 janvier 2015.

On distingue dans l'analyse labanienne cinq domaines :

L'effort qui étudie les nuances dynamiques.

La choréutique qui étudie l'espace individuel (la kinesphère), l'espace général, l'espace interpersonnel.

La forme qui étudie le flux de la forme, c'est-à-dire l'aptitude du corps à se modifier dans sa plasticité (rapetissement, élargissement...) en lien avec la respiration.

Le corps et ses structures d'organisation, notamment étudiées par Bartenieff qui a mis en place des exercices fondamentaux pour les mettre en valeur.

Le phrasé, qui désigne la façon dont ces éléments sont reliés selon une rythmicité particulière.

Dans le domaine de l'effort, Laban distingue quatre facteurs de mouvements :

Le poids (weight) qui varie de léger (light) à fort (strong).

Le flux (flow) qui varie de libre (free) à condensé (bound) (selon qu'on laisse libre cours au mouvement où qu'on le contrôle musculairement).

Le temps (time) qui varie de soutenu (sustained) à soudain (quick).

L'espace (space) qui varie de direct à indirect (selon qu'on dirige le mouvement vers une direction précise ou qu'on s'attache à sa trajectoire).

Chaque mouvement met l'accent sur un ou plusieurs facteurs, mais ne mobilise pas nécessairement les quatre en même temps, même si les autres restent présents de façon neutre (sans variation) ou mineure (sans être moteurs). On le voit, cette attention implique aussi celle du spectateur, qui sera plus ou moins sensible à certains facteurs de mouvement et les percevra de façon dominante. Dans une chorégraphie, l'attention portée à certains facteurs peut contribuer à définir un style particulier.

Laban proposait un schéma pour représenter ces différentes variations :

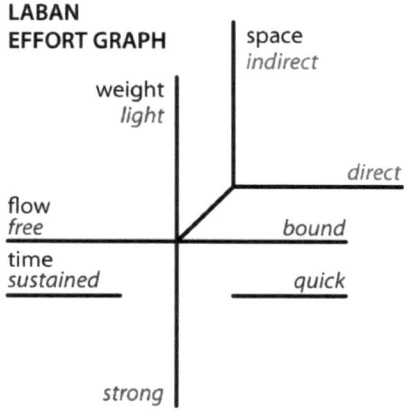

Table des matières

Introduction	13
Partie 1 : Jeux de références	25
I. Sujet qui parle / sujet qui danse	29
1. Auteurs / interprètes / personnages : les sujets de l'écriture, de la parole, de la danse	30
2. *Le Groupe* de Fanny de Chaillé ou les méandres d'un sujet	36
II. Hic et nunc	45
1. Le présent et ses possibles dans *Museum of nothing*	50
2. *La fille qui danse* : oscillations du présent et du désir	64
Partie 2 : Rythmes	77
I. Rythme de la danse, rythme de la parole : un souffle commun ?	81
1. Paysage lexical : le rythme et la phrase dans la danse et la littérature	82
2. Phrases, phrasés	88
3. Rendre le souffle sensible : l'exemple de *Museum of nothing*	94
II. Les entrelacs rythmiques du texte et de la danse dans les deux chorégraphies de Dobbels	99
1. Effets de structure	101
2. Phrases	104
III. *Le Groupe* de Fanny de Chaillé : séquences rythmiques	125
1. Espace et dynamique du groupe	130
2. Répétitions et reprises dans le temps et dans l'espace	132
3. Qualités d'effort	135
4. Gestuelle et énonciation	138
Partie 3 : Vers une signifiance kinésique	153
I. Présences	157
1. Ecritures	157
2. Présence du corps dans le texte : échos kinésiques	163
II. Retour au sens au détour du rythme	175
1. L'exemple du diptyque de Dobbels : torsions et distorsions	177
2. Mouvements de signifiance	187
Conclusion	201
Chorégraphies citées	207
Bibliographie	209
Paroles des chorégraphes	215
Vocabulaire de l'effort	225

Dessins de Larissa Roy, inspirés des chorégraphies *Museum of nothing*, *La Fille qui danse*, *Un son étrange*, et *Le Groupe*

La danse
aux éditions L'Harmattan

Dernières parutions

GRANDEUR ET DÉCADENCE D'UNE DANSEUSE DE FLAMENCO
Boullier Cornaton Fabienne
Une jeune danseuse, amoureuse du flamenco, s'envole pour l'Espagne en quête du secret de son art. Quand à force d'entraînement, les premiers succès récompensent ses efforts frénétiques, le vertige puis la chute interrompent brutalement son ascension. Enivrée par la Castille mystique, elle s'oriente alors vers Dieu et un univers de personnages plus extrêmes encore, jusqu'au vertige à nouveau, et la chute. Mêlant gravité et dérision, l'auteure explore le secret de la danse et la relation au sacré sur fond des grandeur et décadence madrilènes des années 70.
(Coll. Le Croquant : une vie, une œuvre, 20.00 euros, 218 p.)
ISBN : 978-2-343-06296-9, ISBN EBOOK : 978-2-336-38134-3

LA CULTURE CHORÉGRAPHIQUE AU CŒUR DE L'ENSEIGNEMENT DE LA DANSE
Nouveau Sarah
S'appuyant sur des entretiens de professionnels de la danse, qu'ils soient danseurs, professeurs de danse, chercheurs ou directeurs de structures, ainsi que sur l'expérience de l'auteur dans l'enseignement de cette nouvelle matière intitulée «culture chorégraphique», cette étude questionne les manières d'aborder et de transmettre la richesse du patrimoine chorégraphique occidental auprès d'élèves danseurs.
(Coll. Univers de la danse, 26.00 euros, 258 p.,)
ISBN : 978-2-343-06016-3, ISBN EBOOK : 978-2-336-37591-5

APPRIVOISER LE DANCING
Ses coutumes et ses codes – Ses techniques spécifiques de danse
Haffen François - Illustré par Jean Charles Ardilouze et Félix Dirand
Loin du cliché courant d'une certaine «ringardise» de la danse de société, de nombreux articles et émissions phares de télévision indiquent qu'elle connaît un très net renouveau. Après une description des lieux de danse à deux, voici proposés des modes d'emploi et des conseils directement utilisables par toux ceux qui souhaitent profiter au mieux de ces instants où le quotidien s'efface au son des valses, tangos et autres paso-doble.
(19.00 euros, 190 p.)
ISBN : 978-2-343-02951-1, ISBN EBOOK : 978-2-336-35556-6

DANSER L'AILLEURS
Nouveau Sarah
S'intéressant aux liens de la danse avec des thématiques existentielles fondamentales telles que la mémoire, la mort, la spiritualité et la folie, ces propos s'articulent autour des différentes œuvres chorégraphiques, en faisant le lien avec des éléments de l'histoire de la danse et le parcours de l'auteur, elle-même danseuse.
(Coll. Univers de la danse, 16.00 euros, 158 p.)
ISBN : 978-2-343-03782-0, ISBN EBOOK : 978-2-336-35243-5

ÉCRIRE LA DANSE ?
Dominique Bagouet
Atesöz-Dorge Bengi
Qu'entend-on par écriture chorégraphique ? Dominique Bagouet (1951-1992) a mis l'écriture au service de la danse. Les traces de la pensée du chorégraphe sont accessibles dans ses notes, dans les vidéos de ses spectacles et répétitions, dans les corps et la mémoire des danseurs, dans le travail de transmission entrepris par les Carnets Bagouet. L'usage de l'espace, du temps et des corps seront analysés à la lumière d'une lecture intime de son oeuvre.
(Editions Orizons, Coll. Universités / Comparaisons, 19.00 euros, 196 p.)
ISBN : 978-2-296-08853-5, ISBN EBOOK : 978-2-296-51252-8